语文教学与美育研究

张晓霞　著

北方文艺出版社

哈尔滨

图书在版编目（CIP）数据

语文教学与美育研究 / 张晓霞著 . -- 哈尔滨：北
方文艺出版社，2022.6
ISBN 978-7-5317-5612-5

Ⅰ . ①语... Ⅱ . ①张... Ⅲ . ①语文课 - 教学研究 - 中
等专业学校 Ⅳ . ① G633.302

中国版本图书馆 CIP 数据核字 (2022) 第 095855 号

语 文 教 学 与 美 育 研 究
YUWEN JIAOXUE YU MEIYU YANJIU

作　者 / 张晓霞
责任编辑 / 李　萌　　　　　　　　封面设计 / 张顺霞

出版发行 / 北方文艺出版社　　　　邮　编 / 150008
发行电话 / (0451) 86825533　　　经　销 / 新华书店
地　址 / 哈尔滨市南岗区宣庆小区 1 号楼　网　址 / www.bfwy.com
印　刷 / 三河市元兴印务有限公司　　开　本 / 710mm×1000mm　1/16
字　数 / 153 千　　　　　　　　　　印　张 / 10.5
版　次 / 2022 年 6 月第 1 版　　　　印　次 / 2023 年 1 月第 2 次印刷
书　号 / ISBN 978-7-5317-5612-5　　定　价 / 52.00 元

- 前　言 -

现如今，在我国新课改不断深入发展与完善的大背景下，语文教学也逐渐被人们重视起来。语文的学习可以让学生通过平时的积累，逐渐培养出语感，提高学生的阅读理解能力。而美育被人们称为美感教育、审美教育，其中所蕴含的内容极其富足，包括对学生主体审美感受能力、审美认知能力，以及在主体实践活动中创造美的能力等多方面的培养。因此，在中职语文教学中进行美育实践，要从学生的实际情况出发，全面了解学生的现状、认知水平、心理规律等，结合社会发展进程，进行行之有效的美育活动。

鉴于此，笔者撰写了《语文教学与美育研究》一书，在内容编排上共设置五章：第一章作为本书论述的基础和前提，主要阐释语文教学的理论依据、语文学习与心理发展、语文教学价值及其现实思考；第二章是语文教学的内容体系，内容包括语文阅读教学、语文写作教学、语文口语交际教学、语文导学探究教学；第三章探究语文教学思维的方法与品质、语文课堂教学与创造性思维、语文审美教育及其形象思维；第四章基于语文教学中美育的多元化，论述诗歌教学中的美育，话剧、小说教学中的美育，散文教学中的美育和融入生活的美育；第五章突出实践性，对语文教学中审美教育实施、语文美育实践的实施策略、语文教学中渗透美育的探索、语文教学中美育的实践运用进行研究。

全书结构科学、体系完整、论述清晰、客观实用、理论与实践相结合，力求通过在语文教学过程中进行美育渗透，提高语文教学水平与学生的综合素养，非常具有实用价值。

笔者在撰写本书的过程中，得到了许多专家学者的帮助和指导，在此表示诚挚的谢意。由于笔者水平有限，加之时间仓促，书中所涉及的内容难免有疏漏之处，希望各位读者多提宝贵意见，以便笔者进一步修改，使之更加完善。

- 目 录 -

第一章　语文教学的基本理论 ………………………………… 01

　　第一节　语文教学的理论依据 ………………………… 03

　　第二节　语文学习与心理发展 ………………………… 06

　　第三节　语文教学价值及其现实思考 ………………… 08

第二章　语文教学的内容体系 ………………………………… 13

　　第一节　语文阅读教学 ………………………………… 15

　　第二节　语文写作教学 ………………………………… 48

　　第三节　语文口语交际教学 …………………………… 52

　　第四节　语文导学探究教学 …………………………… 54

第三章　语文教学的创新思维 ………………………………… 63

　　第一节　语文教学思维的方法与品质 ………………… 65

　　第二节　语文课堂教学与创造性思维 ………………… 71

　　第三节　语文审美教育及其形象思维 ………………… 77

第四章　语文教学中美育的多元化探究 ……………………… 101

　　第一节　诗歌教学中的美育 …………………………… 103

　　第二节　话剧、小说教学中的美育 …………………… 108

第三节　散文教学中的美育 ································ 111

第四节　融入生活的美育 ································ 112

第五章　语文教学中美育的渗透实践 ················ 115

第一节　语文教学中审美教育实施 ············· 117

第二节　语文美育实践的实施策略 ············· 129

第三节　语文教学中渗透美育的探索 ············· 136

第四节　语文教学中美育的实践运用 ············· 152

结 束 语 ································ 155

参 考 文 献 ································ 157

第一章　语文教学的基本理论

在我国现阶段的教学过程中，教师的教学理论得到极大的发展，在语文教学过程中，教师不仅更加重视提升学生的理论知识，同时也强化了对学生实践能力的培养。本章重点围绕语文教学的理论依据、语文学习与心理发展、语文教学价值及其现实思考展开论述。

第一节　语文教学的理论依据

语文教学在培养、提高学生语言能力的同时，必须提高学生的思维能力、审美能力，提高学生的文化素养。语言能力和思维能力、审美能力及文化素养之间是相互依存的辩证关系。离开思维能力、审美能力、文化素养的提高，孤立地谈语言能力的提高，不合乎语言学习的规律，也不合乎辩证法的基本原理，因而是不可能收到实效的。[①]

在关于语文教学的讨论中，片面地强调"工具论"或片面地强调"人文内涵"，都是错误的。我国古代、近代就有关于语文能力结构的经验性认识，20 世纪 70 年代以后，随着西方智力理论在我国的传播，对语文能力培养的日益重视，这方面的理论内容很多，但重点是对听、说、读、写等单项能力的分析。

一、特殊因素论

特殊因素论是直接从语文教学的内容、任务中析离得出的。

第一，单项因素说认为语文能力就是作文能力（包括写字能力），这主要是语文尚未成为一门独立的学科（清末）以前的观点。这种思想在当代还

---

① 蒋念祖. 美育与中学语文教学 [M]. 长春：东北师范大学出版社，2000：56-68.

留有痕迹，如有人认为语文能力"写"是核心，是最根本的，一个人只要具备了写的能力，听、说、读就不在话下了，除非存在生理缺陷。

第二，双因素说认为语文能力由阅读和作文两大能力构成。对它们之间的关系，存在以阅读为主、以作文为主和两者并重三种观点，这是我国近代（20世纪20年代至50年代）的主要观点。

第三，四因素说认为语文能力由听、说、读、写四大能力构成，多种能力之间既相对独立，又相互制约。这是容易被当今语文教师接受的一种能力结构观点。

二、维度结构论

从不同的角度揭示语文能力结构，但对于采用哪些维度有着不同的认识。

（一）"语言—智力"二维结构说

典型的"语言—智力"二维结构说是把语文能力划分为听、说、识字、阅读、作文能力和思维、观察能力，认为听、说、读、写是特殊能力，但它们直接受学生思维、观察能力的制约，因此考虑语文能力必须顾及智力因素。

（二）"内容—操作—产品"三维结构说

"内容—操作—产品"三维结构说中的"内容"包括语音、词汇、语法、修辞、逻辑、篇章六个因素，实为语文知识；"操作"包括认知、理解、记忆、发散思维、辐合思维、评价六个因素；"产品"包括听、说、读、写四个因素。每一维度的任何一项都可与另外两个维度的任意一项结合，构成一种新的能力因素，这样就得出独特的语文能力因素。

（三）多维结构说

多维结构说结合当前语文教学实践，从广义的范围提出语文能力结构：第一，学习兴趣与习惯，比如对祖国语言文字的热爱、学习语文的兴趣、良好的阅读习惯、良好的书写习惯、说普通话的习惯。第二，语言、知识和技能的运用能力。要求"读"能认读字词句，理解分析内容，鉴别欣赏，并有一定的速度；"写"能审题、立意、布局、遣词、使用标点；"听"能辨别语音、理解语义并进行必要的品评；"说"能组织语言、表情达意。第三，学习策略、自学能力。要求会自我检查和评定、调节学习策略、主动适应新的学习情境、获取新知识、提高学习效率。这三大因素中，语言运用能力居于重要地位，起主导作用。

三、层次结构论

把语文能力分成多个层次，每个层次分为若干因素。第一层次是各学科共有的一般能力因素，如理解、分析、记忆等能力。第二层次是语文基本能力因素，即听、说、读、写能力。第三层次是语文单项能力因素，如使用工具书、拼音、识字、书写、用字、造句、说话、朗读、阅读、语法、修辞、作文、文言等。语文单项能力还可再分解，如识字解析为正音、正字、解意，作文解析为审题、立意、选材和谋篇，等等。

四、定量研究成果

证实语文能力结构主要包括以下三个方面。

（一）表达能力

表达能力主要指用语言文字形式组织、表达个体思想、观点和情感，进行实际交流的能力。

（二）接受理解能力

"系统知识"与"接受理解"合并，是"系统知识"块的特征不显著所致。主要指学生对语言信息中客观意义的了解和把握能力。

（三）信息处理能力

信息处理能力是学生主动地加工、处理语言信息的能力，即根据惯例，以及在一定程度上根据个体的经验选择、组合、改造文字材料的能力。因素分析结果把这一能力分为两项，但研究者认为，按照我国语文传统理论，它们完全可以合并为一项。

综上所述，关于语文能力结构的认识，以听、说、读、写能力为核心，区别只在于是否专门考虑语文知识、思想观点、观察、思维、认知策略等因素。此外，智力、认知策略是影响学生语文能力发展的主要因素，但应充分注意它们与语文能力的关系。前者是一般能力，后者是特殊能力，两者处于不同的层次，不能相提并论。知识、思想不属于能力的范畴，在语文教学中应给学生提供相关的发展条件，但不能作为语文能力的结构因素。

分析得出能力因素后，还要揭示这些因素之间的关系。语文能力因素间有着复杂的关系，听、说、读、写能力的核心是思维能力。在语文能力的功能系统中，语文知识和技能是个同心圆，圆心是智力因素和非智力因素，外层是文字、词语、句子、文章、语法、修辞、逻辑、文学常识等语文知识，内层是听、说、读、写等语文技能。

关于语文能力结构的研究表明，培养、提高学生的听、说、读、写能力，无论如何，必须同时着眼于学生整体素质的提高，否则在理论上是违背辩证法的，在实践上是不可能取得成效的。

第二节　语文学习与心理发展

语文学习与个体心理发展是辩证统一的关系。一方面，语文学习对学生的心理发展有巨大的促进作用；另一方面，学习本身又必须受心理发展的"准备状态"的制约。

语文学科的特殊性质决定了语文的学习必然会对其他学科知识的学习，思维品质、思维能力的发展，以及文化道德素质的形成产生重要的影响。语言是最重要的交流思想的工具和最重要的文化载体。而语言这个工具不能脱离思想，它与思维的关系又极为密切。因此，语文学习不仅能够促进学生语言的发展，而且有助于其他学科知识的学习，能够起到拓宽学生的知识视野，促进文化素质及道德品质发展的作用，尤其是能够对学生心理的发展起到不可替代的作用。语言是思维的工具，思维要借助语言进行，个体的思维结果也要借助语言才能外化。因而对个体而言，语言的发展能够提高思维的水平。而语言的学习本身就是复杂的心智活动，它不能脱离思维而孤立地进行，语言的理解、语言的表达都需要调动知识积累，要有联想、想象、判断、推理以及情感等因素的参与，也正是在这个过程中，学生的心理机能能够得到锻炼与发展。

另外，语文学习又受心理发展的制约，主要有以下两个方面。[①]

第一，受智力因素制约。学生的语文学习，是学生在教育情境中，学习语言知识和发展语文技能的过程。在这个过程中，学生的智力因素起着加深认识的作用，因此它与学习的质量有很大的关系。在学生学习进程中，语言能力的形成与智力发展有着密切关系。语言学习的过程是复杂的心智活动过程。在这个过程中，学生的智力因素起着重要的作用。通过听、说、读、写，学生的知识从无到有，由少而多，由浅入深，逐步认识了客观世界的主要现象及规律，驾驭语言的能力得到了提高。也正是在这个过程中，学生的大脑机能得到了有效的锻炼。另外，组织良好的学习过程，既是有效地发展语文能力的过程，也是有效地开发智力的过程。学生在能力方面每前进一步，智力也就能得到进一步提高。

第二，受非智力因素制约。学生在学习中要获得成效，需要全部心理活动的积极参与。一个人即使具有较高的智力水平，但如果智力因素不同非智力因素结合，也不可能获得较高的学习效率。[②]广义的非智力因素是指智力因素以外的一切心理因素，狭义的非智力因素是指动机、兴趣、情感、意志和性格等。非智力因素对中职学生的学习影响巨大。非智力因素优秀者多于非智力因素不良者，可见非智力因素是影响学生学业成就的一个重要因素。

---

① 蒋念祖. 美育与中学语文教学 [M]. 长春：东北师范大学出版社，2000：56-68.

② 魏光宇. 关于中职语文教学价值定位及其实现的思考 [J]. 传播力研究，2020，4（17）：181-182.

第三节 语文教学价值及其现实思考

中职院校长期以来坚持教育应以社会需要为基础，培养出来的学生以就业为目的，教学的内容也以此为基准，这就导致很多基础课程失去了应有的价值。相较其他课而言，语文是必修课，语文教学意在提升学生的文化修养。随着课程设置的转变，语文教学发挥着很重要的价值，现在中职院校教师要做的是不断地学习语文知识，巩固知识成果，促进学生多方面发展。所以中职院校教师特别是语文老师要转变现有教学模式，在语文价值定位及实现方面进行相关的思考，结合语文实践活动使中职语文教学的价值得到最大限度的体现。

一、语文教学价值分析

（一）素质方面的价值

语文教学不仅是为了促进学生就业，还应把提升学生的素质作为关键。在中职院校教学背景下，应制定相应的教学方案来指导教师教育工作，中职语文教学的价值主要体现在培养的学生要符合现代化要求，提升学生的基础能力，使学生拥有良好的素质、创新精神、文化素养等。最重要的是在提升学生基础素质的同时创造社会价值。此外，中职语文教学在培养学生人格方面有积极的作用。中职语文不仅是基础科目，更是一种语言的传递。中职语文教材中包含了大量文化知识以及思想内涵，中职院校重视并加强语文教学课程的开展，除了提升学生的文学素养及思想品德外，还可以让学生了解并掌握书写技巧以及标点符号的使用技巧等知识，有助于学生理解能力、组织能力的培养和提升，对于学生综合能力的提高、就业压力的缓解都有着重要意义。

（二）人文方面的价值

人文教育的核心是促进社会成员形成先进的价值观，传承传统文化，对于学生而言也是养成良好习惯的规范。中职语文与语文课程教学有相同的任务，都是为了激发学生学习的动力，使学生提升能力，塑造文化人格。中职语文教育在促进学生发展的同时，在人文方面也发挥着重要作用，老师开展语文教学，同时也是老师通过教学增强学生能力的开始，语文课可以提升学生的人文素质，也是促进学生能力的关键，更能为社会提供需要的人才。中职语文教材内容是经过专业的编辑精挑细选确定的，每篇文章中都蕴藏着丰富的情感和精神思想，有助于学生树立正确的价值观念以及养成良好的道德品质，使得在语文学习过程中不仅能培养学生的人文主义精神和集体观念，还能促进学生各方面的均衡发展，使学生在进入社会时能更快地适应社会。中职语文教学不仅具有很高的人文价值，在学生职业素养和岗位责任意识培养等方面也发挥着重要作用。

二、语文教学价值的现实思考

（一）围绕专业需求开展语文教学

中职教育是为了培养社会需要的专业人才，而中职语文教学的目标除了培养学生的良好品格及正确的价值观念以外，还需要促进学生专业能力的提升和发展。这就要求中职语文教学服务于专业的实际需求，让老师开展语文教学时围绕这个专业的特点，合理调整语文教学的侧重点，尽量使用学生容易理解的语言，使用容易懂的教学方式讲解，将老师的专业能力以及专业思想应用到教学中，促进学生能力的发展。制定语文实践方案时尽量设计与专业相贴近且富有特色的教学活动。在教学工作中，注重学生的书写、表达等技能培养，对学生将来从事的相关工作具有重要帮助。因此，中职语文教学必须结合学生以后的需求，提高中职语文教学与专业教学课程的相适度。这样不仅有助于提高学生对中职语文学科的重视程度和学习兴趣，还可以促进学生综合素养与能力的培养。

（二）合理创设符合专业的教学情境

在中职语文教学过程中，教师根据专业特点设计相应的教学情境，不仅有助于提升学生的学习兴趣，还可以使学生对教学的相关内容有深刻的理解。例如，教师可以对现有教学资源进行合理整合，收集一些与学生专业有关的企业文化资料及专业文化资料等，并利用多媒体教学辅助设备将这些资料呈现给学生，从而使学生能积极主动地学习，了解到更多的专业知识，使学生的学业有所提升。除此之外，教师还可以利用这些资料布置一些与专业相符合的学习任务，创设与专业相关的教学情境，给予学生更多的自主权，让学生在学习任务中充分发挥自身的个性及潜力，不仅有助于激发学生的学习积极性和主动性，还可以培养学生的自主学习能力等方面，对于中职语文教学价值的发挥有着重要意义。

（三）加强校园文化环境的创建

中职学校校园作为学生日常学习的主要场所，其环境与氛围对学生学习意识以及文化底蕴的培养有着重要影响，这就需要中职院校加强营建良好校园文化。首先，中职院校可以根据专业实际情况组织一些文化节或趣味竞赛等活动，鼓励学生踊跃参与到校园文化活动中，不仅有助于改善学生的学习心态，还可以让学生在轻松、愉悦的氛围中获得知识与提高能力；其次，在中职语文教学中教师也应改变传统的机械、枯燥的教学方法，以更加贴近学生专业的教学方法，以及风趣、轻松的教学方式开展语文教学。例如，教师结合学生的兴趣爱好及中职语文教学知识，创设有趣的教学情境，并且通过合理利用校园文化资源，让学生了解更多的知识文化，营造独特的课堂文化环境。这样不仅有助于提升学生的语文学习兴趣并提升学生的素质培养效果，还可以帮助教师积累更多的教学素材和实践教学活动经验，从而促进中职语文教学在校园环境中的发展。

（四）加强教学评价的科学性与综合性

加强教学评价的科学性及综合性，有助于调动学生学习语文的兴趣以及参与实践教学活动的积极性，对中职语文教学质量的提升以及教学价值的实现有着重要意义。这需要教师改变传统的以考试成绩为主的评价模式，建立多元化的评价体系。例如，加强对学生日常学习态度以及学习效率等情况的收集，并对学生的语文思维及文学素养进行全面查验和掌握，这种语文评价模式是一种动态的评价方法，不仅需要对学生学习的完成度有全面了解，还需要对学生学习的具体情况给予更多的关注，能够针对不同的学生，做出更加科学、合理、全面的评价，所以这种评价体系不仅可以更加具体、细致地了解学生的学习状况，还有助于调整学生的学习心态，从而激发学生的自主学习意识，对于学生日后就业以及发展有着巨大的帮助作用。

总而言之，中职语文教学不仅考验学校，也考验老师的教学方式，但都是为了更好地服务社会，培养专业技术人才。当前，中职教育教学中语文学科的地位和作用被极大削弱，需要中职院校领导和教师真正认识到语文教学的重要性及其价值定位，并通过对语文学科教学内容以及教学模式的调整和创新，提高学生的语文学习兴趣，促进学生综合素养以及专业能力的培养和全面发展。推动中职语文教学的改革与创新，并真正发挥中职语文教学对技能型专业人才培养的促进作用，为中职学生以后的全面发展奠定坚实的基础。

第二章　语文教学的内容体系

教学内容的不确定性会束缚语文教学的发展，不同学段的语文教学较为同质化，教师面临教学内容的选择性困难，因此理清语文学科教学的内容，使语文学科教学内容具有明显的可操作性十分必要。本章重点论述语文阅读教学、语文写作教学、语文口语交际教学、语文导学探究教学。

第一节　语文阅读教学

阅读是学习所有学科的必备基础能力，中职学校语文学科蕴含着丰富的文化底蕴，可以培养学生的人文精神，提高审美能力，提升道德修养。素质教育时代，中职学校为社会源源不断地输送技术技能型人才。因此中职学校应与时俱进，既要注重培养学生的专业能力和服务意识，又要重视学生终身学习能力的养成教育，以适应社会对高素质技能人才的需要。

一、语文阅读教学中的生活化分析

阅读是生活的一部分，是人的一种生活方式，阅读与生活息息相关。阅读教学是在教师指导下，学生自主阅读的实践过程。阅读能力是学生学习语文的基础，通过阅读能够开阔视野，陶冶情操，提升文化素养。在遵循生活化内涵及其特征的基础上，剖析中职学生的心理特点，将生活元素渗透到阅读教学中，用生活经验指导阅读实践，有助于激发学生的阅读兴趣，培养学生的阅读实践能力。

（一）语文阅读教学生活化的认知

1. 文学源于生活

文学作品反映的是作者在生活中的感受，文学创作源于生活，但又高于现实的生活，真正要读懂一篇作品，不但要了解作者的情感和经历，还要了解其生活环境。因此，社会生活是文学创作的源泉，而文学作品也反映着社会生活。文学源于生活，生活离不开文学，两者相互依存。把来源于生活经验的知识放回到生活实践中去，才能更好地理解和掌握，才能物尽其用。所以，语文阅读教学就是通过语言文字体验生活的过程，是学生感知、理解和掌握文字材料的过程。由于学生的生活经验不足，生活范围有限，这一过程需要教师的指导并与学生共同完成，教师的参与帮助使学生从有限的教学空间拓展到了无限的生活世界。

2. 教育源于生活

生活是教育的源泉，教育是生活的需要。"生活即教育"的理论是陶行知教育思想的重要基础，他的教育思想孕育着教育与生活相融相生的理念，教育需要与生活碰撞才能释放力量。创设自然的、生活化的教育环境，并在生活中挖掘出既贴近学生需求又符合学生发展的教学资源，使学生更容易理解和接受学习。

教师要善于挖掘生活中的有效资源，不仅要把知识传授给学生，还要调动他们学习的主动性，激发他们阅读的兴趣，培养他们适应生活的能力。生活化的教学，强调的是教师在传授语文知识和训练语文能力的过程中，自然而然地注入生活的内容，进行生活教育。

3. 语文阅读生活化

生活化的阅读教学就是把知识等新鲜事物，凭借已有的生活经验转化为内在需要的过程。围绕教学内容，从学生的实际情况出发，将教学活动引入预先设计好的生活情境中，利用学生的生活经验把教学目标转化为学生的内在需要。

中职语文阅读教学生活化是形成以学生为主体、教师为主导、师生互动的教学方式，构建以生活资源为载体、生活情境为策略、生动开放的语文课堂。针对中职学生的特点，教学时不但要联系学生现在的日常生活，还要关注学生未来的职业生活。寻找语文阅读教学与职业教育发展的结合点，转变思想，积极创新，提高能力，磨砺人生，为将来的职业生涯打下坚实的基础，实现以就业为导向的职业教育办学理念。

（二）语文阅读教学生活化的特点

中职语文阅读教学生活化在传统阅读教学的基础上进行了改革和创新，是一种新型的阅读教学模式。在教学理念和教学策略方面提出了全新的看法和主张，充分体现了中职语文阅读教学应具有的开放性、情境性、实践性、综合性的特点。[①]

1. 开放性特点

开放性的阅读教学，要求教师在课堂上必须以开放的心态进行阅读教学，引导学生以开放的视野和思维对待周围的事物，不拘泥于文本、教材，不局限于课堂、学校；要求教师在教学时要营造开放平等的教学环境，设计开放互动的教学方法，挖掘开放多样的教学内容，建立开放有效的教学评价。开放性的阅读教学，要求学生的阅读需求是多种多样的，阅读态度是积极主动的，阅读心理是独特创新的，阅读方式是自主探究的。

为学生创设开放的教学环境，提供轻松自主的学习氛围，激发学生的学习兴趣。中职学生来自不同的生活环境，具有不同的个性，在阅读中彰显学生的个性，因材施教显得尤为重要。虽然他们的语文基础知识比较薄弱，但是他们的思维敏捷，有较强的好奇心，适应能力强。创建和谐平等的师生关系是创建开放性阅读教学的重要手段。传统的语文阅读教学中，教师的教学评价重视甄别与选拔，评价语言平淡无味，不能给学生以积极的鼓励，束缚了学生创新的欲望，限制了学生的自主性。因此，教师应在阅读教学中采取开放有效的评价方法，更好地激发学生学习的积极性和主动性，让他们体会阅读的价值，享受阅读的魅力。

2. 情境性特点

在生活化的语文阅读教学中，创设良好的教学情境，启发学生通过体验生活情境来理解课文内容，调动学生学习的积极性，激活学生的创新思维。创设情境必然离不开生活，教师要善于把教学内容转变成生活情境，营造一

---

① 田甜. 中职语文阅读教学生活化实践探索 [D]. 辽宁师范大学，2014.

种生活气息浓郁的语文课堂，引导学生进入熟悉的生活场景。

在阅读教学中，通过借助美术、音乐和舞蹈等素材，创造贴近学生生活实际的情境和氛围，让学生轻松愉快地学习语文阅读知识。教师可以从教学需要出发，把语文课堂转化为参观、访问、观察等形式的课外活动。针对专业特点，带领学生去工厂、进车间，让学生主动发现问题并解决问题。当然，创设情境不是单纯地把一些生活性的元素组合在一起，还要丰富内涵、融入情感，中职学校没有应试的压力，可以尽情享受情境教学带来的优越感，极大地提升教学效果。

3. 实践性特点

在生活化的语文阅读教学中，通过学习实践来检验学生主体性的形成，要着重培养学生自主学习、合作探究的能力。中职学校的学生，他们多数已经对学习失去了信心，产生了厌恶和抵触的心理。如果语文课堂还是教师的"独角戏"，那就无法激发学生的学习兴趣，语文学习便成了"最熟悉的陌生人"。中职语文阅读教学的生活化强调学生的参与性、实践性，让学生获得一种全新的学习体验。

通过创设生活化的教学情境，让语文阅读教学与学生生活实际紧密联系起来，使学生在活动实践中灵活运用相关的语文知识和技能，培养学生凭借已有知识和生活经验解决实际问题的能力，只有这样，学生才能积极主动地参与社会生活，实现自己的职业目标。

4. 综合性特点

中职语文阅读教学应注重培养学生感受、理解、欣赏文学作品的综合能力，形成这一能力需要感性与理性的有效统一。传统的语文阅读教学，往往忽视感性的层面，忽略了文学作品给我们带来的多样性。在生活化的阅读教学中，教师要引导学生在理性分析、理解文学作品的同时，凭借已有的生活经验去感性地接受文本，体验情感，感受人物形象，品味语言文字。

阅读与写作之间有着密不可分的关系，阅读时可以搜集材料，为写作积累素材。学生在阅读中搜集和整理信息能力、综合概括能力、阅读材料的整合能力都能体现在写作中。所以，生活化的阅读教学有利于中职学生读写能力的协调发展。

（三）语文阅读教学生活化的实际功用

随着社会的发展和进步，语文的内涵和外延也在不断地发展和变化着。生活化拓宽了语文阅读教学的空间和环境，让语文课堂变得开放自由、丰富精彩。

1. 激发兴趣，养成良好的阅读习惯

中职语文阅读教学生活化可以激发学生的阅读兴趣，养成良好的阅读习惯。兴趣可以激发一个人的潜能，如何使兴趣充分发挥作用，需要语文教师根据教学内容以及中职学生的心理特点巧妙使用。学生积极主动地参与阅读过程，提出问题、筛选信息、分析讨论、合作探究，这样的过程有利于学生形成良好的思维能力和阅读习惯。阅读教学回归生活，让阅读成为生活的需要，让生活为阅读服务，帮助学生形成勤读、乐读的良好习惯，从而提高学生的阅读能力。

2. 陶冶情操，培养健康人格

中职语文阅读教学生活化可以丰富学生的学习生活，形成积极乐观的人格。语文阅读教学不仅关注学生理解能力的提高，对于学生思想的教育、情操的陶冶、精神世界的发展更是责无旁贷。让学生在阅读中体会生活、获得新知，在生活中感受阅读的熏陶和语言文字的魅力。生活化的阅读教学能够拓宽学生视野，丰富学习生活，获得生活启迪，形成健康人格。

3. 提高能力，服务于就业

中职语文阅读教学生活化不仅能提高学生的文化素养，还有利于学生掌握专业知识和技能。中职学生的文化课基础大多不够坚实，对语言文字的应用也不容乐观，生活化的阅读教学不仅可以增强学生的文化底蕴，拓宽学生的知识面，还有益于对语言文字的积累，促进学生综合能力的提升，为专业课的学习和技能的掌握打下坚实的基础，为未来的就业做好准备。

（四）语文阅读教学生活化的策略

实施中职语文阅读教学生活化，关键在于寻找教学内容与学生生活的契

合点，让语文课堂向社会生活延伸，让阅读走进学生的生活。在教学过程中，教师要善于挖掘教材，将生活元素自然地融入文本中，把阅读教学和社会生活紧密地联系起来，让学生在读懂文本的同时，也读懂人生、读懂生活。实施阅读教学生活化也给中职语文教师提出了新的、更高的要求：不断地更新教学理念，提高自身素质和业务能力水平，学无止境，与时俱进，关注社会，关注生活。

1. 转变教学理念

（1）转变态度，更新教学理念

①扭转乾坤，正视自己。

中职阶段是中职学生从学校走向社会的过渡阶段，是他们为今后的继续学习和职业生涯奠定基础的重要阶段。运用科学有效的教学理念培养出高素质的技能型人才，关键在于教师提高自身的综合素质，解放思想，更新理念。

教师是课堂教学的主导者、组织者，要让课堂充满生机，让学生产生兴趣，开展生活化的语文阅读教学，充分利用课内、课外的有效资源，拓展学生的学习空间，让学生在生活中学习语文，在语文中感悟生活。在语文阅读教学过程中，教师要有意识地把教学内容同生活实际联系起来，变封闭式为开放式的教学方式，用生活化的阅读态度完善阅读教学过程，向课堂注入生活之活水，使其焕发出无限的生机和活力。同时，教师要尊重学生的阅读心理和情感体验，教给学生阅读的方法，养成良好的课外阅读的习惯，从根本上培养学生独立阅读、独立思考的能力。

②更新教学理念，激活学生心灵。

中职语文教师在阅读教学时要始终坚持"语文教学生活化，学生生活语文化"的教学理念，遵循职业教育的特点，掌握学生的学习需求，给予学生更多的关爱，不仅教会学生书本的相关知识，还要让教学拓展到生活中去，引导学生学会读书，培养自主读书的能力，让学生运用语文改变自己，改变生活。

（2）以人为本，阅读回归生活

教育是促进人发展的重要因素，教育以培养人为目的，以育人为本。"以人为本"是人本主义教育思想的核心，它强调学生的主体作用，把学生作为教学的出发点，主张学生自发的经验学习。重视对学生的尊重和爱护，充分发挥学生的主动性和创造力，主张教学工作要注意创设良好的人际关系和课堂气氛，使学生身心健康地成长以适应时代的变化和社会的要求。

①以人为本。

首先，要求教师培养学生的主体意识，学生不再是课堂上的"旁听者"，而是课堂的主人，对教师的讲授不再毫无批判地全盘接受，而是要充分发挥自己的主观能动性。其次，教师要尊重学生的个性发展，运用恰当的教育方法帮助他们树立自信心，因材施教，挖掘潜能，引导学生充分认识自我，实现自己的人生价值。最后，教师要引发学习兴趣，激活学习动机，调动学习热情，保护求知欲，呵护好奇心，因势利导，顺势强化。

②回归生活。

首先，要求教师引导学生积极地观察和体验生活中的点点滴滴，教师要让学生学会采用不同角度、不同侧面的观察方法，关注社会热点话题，积累民间传说故事，用观察带动思考，将生活中积累的素材运用到对文学作品的解析中，把阅读时积累的语言文字应用到社会生活和人际交往中。其次，在遵循教学目标的前提下，把文本还原成学生熟悉的真实的生活情境，引导学生置身其中，形成体验，有所发现。最后，学生在阅读文本时，自然地联想到与自己相似的情感，或是熟悉的生活以及所处的社会，进而与作者产生心灵的共鸣，获得对生活的理解和感受。回归生活的阅读教学，可以提高学生认识生活、感悟生活的能力。

语文教学源于生活，它来自生命的自觉。生活化的阅读教学要让学生了解阅读是人生命存在的一种状态，懂得语文学习的价值和意义。让阅读注入学生的日常学习和生活中，成为生活的必需品，学生从阅读中寻找生命存在的意义，使学生在体验中提升生活品质。

2.突出职业教学特色

（1）突出阅读教学的实用性与技能性

中职语文教学是为中职学生的专业学习服务的，阅读教学要与专业相结合，突出职业教育的特色。教学重点应体现职业特点，突出实用性，有效的语文教学是让学生不仅学会知识，还能将其应用到现实生活和将来的职业生涯中。教师在设计教学内容、确立教学目标时，要结合学生的原有知识基础、现有学习困难以及学习心理特征，适当降低难度和要求，紧密结合学生的专业特点和未来的职业需求，让学生意识到学会知识是为了培养自己的能力。

中职学生的学习任务不重，这为他们提供了广阔的阅读空间。从教学课时里抽出几节课来作为课外阅读课，阅读的文章可以是教师精选或是学生推荐的，如从《读者》《意林》等优秀刊物中甄选出具有时代气息、现实意义和正能量的作品在课上诵读，师生共同讨论，交流感受。还可以从教材文本拓展到佳作名篇，欣赏了朱自清的《荷塘月色》，再去读读他的《绿》；读过了舒婷的《致橡树》，再去听听北岛的《回答》；感受了老舍的《我的母亲》之后，再去看看他的话剧《茶馆》……在拓展学生阅读面与阅读量的同时，还要培养学生良好的阅读习惯，用圈点勾画的方式摘抄自认为优美的语句或段落，写下感受，积累素材。在阅读结束后，教师组织学生开展小组活动，布置问题，讨论交流；或是组织语文实践活动，举行诗歌朗诵、课本剧表演、讲故事、演讲等活动，实施鼓励、奖励机制，激发学生的积极性和参与性，挖掘学生的智慧和能力。

（2）语文阅读教学与专业的结合

学生要阅读与专业相关的各类文章，读懂主要内容。能对文章中的重要信息进行筛选、整理，获得所需要的资料。能根据专业学习的需要选择读物。阅读有关职业理想、行业发展、企业文化等方面的文章，培养健康的职业情感和良好的职业道德。阅读中提高搜集相关职业信息的能力，从阅读中了解社会、了解职业，培养职业意识。阅读自然科学、社会科学类作品，领会作品中体现的科学精神和人文精神，进一步了解经济社会发展和科学技术进步对高素质劳动者的全面要求，增强学习知识和掌握技能的积极性和主动性。

（3）因材施教，按需施教

针对不同专业的学生采取不用的阅读教学，不同的专业有不同的侧重点，把教学内容和专业特色结合起来，不仅培养了学生的职业素养，还提高了学生的阅读能力，更好地适应职业发展的需要。例如，在《洛阳诗韵》一文的教学中，建筑类专业应侧重于对洛阳这座历史文化名城所处的地理环境和建筑特点的分析，以及欣赏古代能工巧匠的精品佳作；《科学是美丽的》一文对机电专业的学生将来能够成为一名优秀的技师具有指导意义，科学求真，真中含意；《一碗清汤荞麦面》中母子三人在逆境中奋起，绝不向命运低头的精神鼓舞着焊接专业的学生，苦脏险累的专业特点影响不了他们对职业生涯的追求和对美好生活的向往。

中职语文教师要善于把教学内容与专业特点融会贯通，满足学生未来职业发展的需要，让中职语文教学更贴近生活、更具实用性。

3. 建立生活化的师生关系

师生关系是中职学校众多关系中最基本的一种人际关系，良好的师生关系可以促进学生的身心发展并能提高教学效果。建立民主平等、和谐融洽的新型师生关系是实施中职语文阅读教学生活化的前提。

（1）严中有爱

中职语文教师应该做到既要教书更要育人，站在讲台上盛气凌人、批评指责的教师永远得不到学生的喜爱，实现有效课堂更是空谈。中职学生在初中已经受够了批评指责，自尊心受到了严重的伤害，此时再严加管教只能适得其反。要想让学生亲近教师，教师首先要亲近学生，要以饱满的热情去关爱、呵护每一名学生，可以称呼他们的"昵称"，借此来拉近师生心理上的距离，让学生在亲近愉快、宽松民主的氛围中学习，从而形成民主平等、相互尊重的课堂环境。

（2）真情相待

中职学生大多数是住宿生，生活化的师生关系要求教师关注学生的日常生活，做到体贴入微、关怀备至，关心学生的衣食住行，做到雪中送炭，教师应该切实地做到成为学生在校的监护人，合理尊重学生的兴趣习惯，注意保护学生的生活隐私，融入他们的生活中，成为他们的家人、朋友，让学生感受学校有着家一样的温暖，而教师又像父母一样关爱、呵护着他们。教学时，教师要善于发现学生的优点，及时给予表扬和鼓励，强化学生的学习兴趣，增强自信心，切忌讽刺挖苦学生，坚持做到一视同仁，不偏不倚，积极争取学生的信赖和爱戴。

（3）亦师亦友

中职学生正处于青年阶段初期，是身心发展的关键时期，他们的行为往往表现出自卑感严重、反抗性强烈、自控能力不足、人际关系障碍等特点。因此，中职语文教师应该承担起疏导学生心理的工作，无论课上还是课下，都要与学生勤沟通、多交流，成为他们的知心朋友，了解他们的内心世界，时刻关注学生的思想和感情。部分学生不愿当面和教师对话，可以借助现代化的通信手段，如手机短信、QQ、微信等与学生沟通，分担学生的心事、秘密，正确引导他们解决学习和生活中的难题。

（4）师德熏陶

教师的教学态度和风格直接影响学生的学习态度，在很大程度上也决定了师生之间能否建立良好的关系。中职学生常常在课堂上表现出注意力不集中的现象，如嬉闹闲聊、玩手机游戏等，这些现象需要教师关注和重视，用温和的语言、恰当的方法去纠正。教学中，始终保持良好的教学态度和风格，调动学生学习的积极性，提高教学效率，做一位德艺双馨的好教师。要不断充实自我，完善自我，向有经验的老教师请教、交流教学和管理的心得。时常进行教学反思、钻研教育理论、探索教学艺术，努力将自己塑造成为一位关爱学生、教态优美、学识渊博、具有强大人格魅力的教师。

4.有效利用语文阅读资源

（1）挖掘教材，深化文本

教学时，教师选择恰当的阅读策略指导学生挖掘教材，深入文本多角度地进行品读，培养学生的阅读能力。例如，朱自清的《荷塘月色》是一篇意蕴深厚、借景抒情的散文，为了帮助学生理解作者的苦闷心情，把"这几天心里颇不宁静"作为切入点，并结合当时的社会背景进行分析。但若将作者的苦闷仅归于此，显然又不是很全面，所以需要挖掘教材，深化文本。

（2）课外阅读，拓展补充

教师要为学生提供阅读书籍的平台和机会，激发中职学生阅读的兴趣，培养他们养成良好的阅读习惯。教师结合学生实际情况，列举优秀的书籍；鼓励学生养成查阅工具书疏通阅读障碍的习惯；指导学生创建班级图书角，互通有无、交流心得；组织学生参加校阅览室的读书活动，鼓励学生向校图书室或市图书馆借阅图书；帮助学生制订课外阅读计划，保证阅读时间；开展各种读书活动。

（3）网络资源，取之精华

网络已经成为人们生活的必需品，同时它也是一把锋利的双刃剑，教师应积极采取措施把网络给学生带来的负面影响挡在门外，引导学生正确使用互联网。利用多媒体网络教室，为学生创设和展示阅读情境，提高学生的阅读兴趣；利用校园网的优势，创设贴近学生生活的网络文化；倡导学生正确利用互联网有效开发阅读资源，开阔视野，拓展阅读空间，促进中职学生的个性化发展。

5. 让语文阅读"活"在生活中

（1）贴近生活，构建生活化课堂

①导语激趣。通过设计导语，唤醒学生的生活经验，利用已知激发对未知的兴趣，让学生以最佳的兴奋状态投入学习。根据不同的教学内容，设计导入语的方法手段也是千变万化、花样繁多，如设置悬念、创设情境、开门见山、诙谐幽默、引用诗词、讲述故事等等。

②提问点拨。教师的提问是课堂教学活动的重要环节，是实现教学目标的一种手段。问题能否激发学生思维，能否调动学生的积极性，是对教师综合能力的考量，教师设问的灵活巧妙与否直接影响一堂课质量的好坏。课堂提问需要教师精心酝酿，设计的问题既要有启发性又要有趣味性，既要能立足于学生生活又要能实现提问的目的。教师合理调控，使用机敏风趣的语言，给予学生热情的鼓励，以及适时恰当的点拨。

③情境体验。创设生活化的教学情境，教师将学生引入预先设计好的生活场景中，引发学生的情感体验，帮助他们体会作者的创作意图。例如，讲授《雨霖铃》时，事先安排两名同学表演一对恋人依依惜别时的场景，再配上伤感的音乐，此情此景，显然能够改变文言诗词令中职学生闻声色变的局

面。多媒体教学手段的灵活运用让生活化的情境教学如虎添翼，激发学生的学习兴趣，提高记忆效率；活跃课堂气氛，增强情感体验；有效缩短教学时间，提高教学效率。

（2）深入生活，开展生活实践

生活化的语言阅读教学就是将语文阅读学习和生活实践紧密联系，努力挖掘教材、专业、生活相关的元素，让学生在生活实践中学习语文，应用语文，提高语文能力和综合素质。

①课本剧表演。中职学生自尊心强，希望受到关注，但又缺乏自信心，不愿在众人面前展示自己。课本剧的编演可以培养中职学生的创新能力，在编写剧本时，学生对故事情节进行适当添加与删减，根据人物性格对语言进行加工处理，使整个表演既诙谐幽默又形象生动。开展课本剧表演的实践活动不但可以激发学生的阅读兴趣和表演兴趣，还能陶冶情操，增强自信心。

②内引外联。教师要善于通过教学内容，拓展语文实践活动，引领学生走进生活，从课堂的狭小空间步入社会的广阔空间。例如，在讲《将进酒》和《念奴娇·赤壁怀古》时发现，李白和苏轼都是在官场失意时写下了传世佳作，通过体会作者的思想感情，再联系作者的生活经历、时代背景，不难发现导致文人官场失意的种种原因：性格傲慢被人排挤；博学多才遭人妒忌；怀才不遇而自暴自弃，性格上的缺陷使他们止步于官场门前。课后布置实践作业：调查现代社会中，毕业即失业的原因。这样的活动是为了使学生联系生活实际，多角度、多方面地了解历史和现实的社会生活，培养学生的职业意识和初步规划职业的能力，为将来的毕业树立正确的择业观和就业观。

③情景表演。根据中职学生的生活实际需要和职业需求，将语文学习和专业训练有机结合，组织形式多样的语文综合实践活动，拓展和延伸课堂教学，如学习《洛阳诗韵》一文时，设置这样的综合实践活动：请学生以一个导游者的身份，向游客介绍具有洛阳特色的景观，景观选择不受教材内容局限。这样的活动不仅加深了学生对洛阳的了解，也引发了学生对祖国大好河山的热爱和对中华民族文化的挚爱，更加锻炼了学生的语言表达能力。

（3）感悟生活，积累生活经验

阅读时，教师要善于引导学生感悟生活，勤于思考，不断积累生活经验。学生应该广泛地接触社会，融入社会，不仅要听和看，更要去思考、去感受，凭借多种感官去观察生活，认识世界，积累经验。此外，让读书与求知的人获得新知，让无知的人变得知事；阅读把枯燥乏味的学习变得生动有趣，把黯淡无聊的生活变得多姿多彩；阅读让学生收获快乐，让学生感悟生活，在生活中阅读，在阅读中成长。

二、语文阅读教学中的文本细读

（一）课程教学语境下的文本细读

课程教学语境下的文本细读不同于文学批评语境下的文本细读，是对新批评派文本细读的一种借用。在课程教学语境下，文本细读结合了语文学科的工具性与人文性特征，从语言的语音、字词、语义、修辞等层面入手进行分析，整体把握文章内容，从而进入对文章的思想感情层面的感悟和理解。课程教学语境下的文本细读要求细读主体调动自己全部内在，运用视觉、听觉等手段和各种视角，融入自身独特的情感体验直观文本，并在此基础上对文本进行细致、精确、全面的语义分析，实现对文本意义深入、透辟的解读。[①]

课程语境下的文本细读的实质是以教师的细读引领学生细读，以教师的细读体验唤醒学生的细读体验，是教师引导学生与文本（或作者）进行对话，让学生在与文本对话的过程中主动地、富有创意地建构文本的意义。课程语境下的文本细读对于学生而言，既是一个发现的过程，又是一个体验和创造的过程。

1. 课程语境下文本细读的主要特点

课程教学语境下的"文本细读"的提倡与实践，有利于完成学生、教师、教科书编者、文本之间的多重对话。其服务对象转移到了教学身上。其根本宗旨和价值取向是通过发挥阅读主体的创造力，发掘文本意蕴。教师和学生

---

① 余艳秋. 文本细读在中职语文阅读教学中的应用研究 [D]. 云南师范大学，2016.

是阅读教学的主要参与者，文本细读教学要求教师要始终立足文本，先行获得对文本的细读体验，并在课堂教学中以自身的细读体验为基点引导学生直面文本，让学生对文本的语言、结构、意义，以及隐藏于字里行间的深刻意蕴进行多角度、多层级的品读和挖掘，领会作品的丰富内涵，激活内心的情感体验。课程语境下的"文本细读"不仅需要立足于对文本的理性分析，更强调学生对文本的自身体验，强调将自身"体验"融入"细读"之中，注重学生与文本之间的情感交流。

课程教学语境下的"文本细读"主要应用于语文阅读教学中，通过教师的指导和示范，帮助学生逐渐掌握文本细读的方法，并最终能够独立应用这一方法进行阅读。课程语境下的文本细读既是一种阅读层面的方法，又是一种阅读教学层面的方法。

2. 语文阅读教学中融入文本细读的意义

将"文本细读"引入中职语文阅读课堂，有利于纠正当前中职阅读教学中普遍存在的问题，进而提高阅读教学的效率。除此之外，文本细读应用于中职语文阅读教学还具有以下价值和意义。

（1）有利于确保学生学习主体的地位

学生在语文阅读教学活动中居于中心位置，教师、教材以及其他一切的教学活动，都是为学生服务的，这充分体现了学生学习的主体地位。中职语文阅读教学中存在着学生主体地位缺失的现状，普遍存在着教师在讲台上激情讲演，学生只是充当听众的现象。学生处于被动状态，学习的积极性和主动性得不到充分发挥。文本细读应用于中职语文阅读教学，有利于确保中职学生的学习主体地位。

语文阅读教学的实质是教师、学生及文本之间的多重对话过程，其中学生与文本之间的对话是阅读教学实施的前提和关键。文本细读教学的实质是在教师细读文本的基础上，引导学生与文本进行深度对话，帮助学生理解文本，对文本形成自身独特的感悟和审美体验。课前的细读主体是教师，教师在课前通过对文本的细读获得自身对文本独特体验和感受，在此基础上结合学生学情，确认教学的内容和教学实施的策略。教师的细读不是毫无目的地随意阅读，而是以考虑学生的实际需要为出发点的细读，这样的细读保证了以学生为中心。

课堂上的细读主体是学生，教师的任务不是把自身细读的感悟灌输给学生，而是要想方设法引导学生直接与文本对话，让学生在品味文本语言的过程中形成对文本的深刻理解和感悟。学生的主体地位在这一过程中得到落实。

细读教学过程既是学生与文本之间的对话，也是师生之间、生生之间的对话，学生在多重对话的过程中需要主动参与，积极思考，勇于表达，学生的主体地位在交流分享的过程中得到保障。

（2）有益于提高中职语文阅读教学的有效性

当前深化课程改革的关键和根本要求是提高课堂有效性。作为阅读主体的学生与文本之间是否发生了内在的交流，以及这种交流是否深刻、流畅和完整是课堂教学质量的评价标准。文本细读作为一种读书方法，不能只停留在读懂文字表面意义，还要求在读的过程融入思考，通过思考感受文本、理解文本、领会文本，并对文本做出判断。文本细读教学是在保证学生与文本充分接触的基础上展开教学，这样做既保证了学生作为阅读主体的地位，避免了在学生还未与文本进行充分接触的前提下就解读文本重点，也有益于保证阅读教学的有效性。

文本细读教学的实施以教师的细读先行作为前提，教师通过细读文本，对课文有了深入研究，既对课文形成了整体感悟，又对文字的组合，文字中蕴含的思想、情感、价值观等有了深入浅出的把握，形成了自己独特的理解和思考，保证教师制定的教学内容和教学目标的有效性，教师在课堂上对学生的指导更具针对性和有效性，有益于确保教学的有效性。

（3）促使中职语文阅读教学回归阅读教学的本质

语文教学的目的在于培养学生感受语言、理解语言、积累语言、运用语言的能力，并在学生感受、理解、积累、运用语言的过程中使学生获得情感的熏陶、智慧的启迪和审美的乐趣，在学习语言的同时学会做人。

目前许多中职语文阅读课，往往只注重引导学生关注课文的内容和思想感情，不注意引导学生品味课文的语言，一味注重内容理解、人文感悟、忽视语言的理解与运用，把学生对课文内容的理解当作教学主要的和唯一的目标，对课文中词句的表达效果、作者怎样运用语言表达思想和内容完全不顾，不注重引导学生在读的过程中学会写，这是一种失衡的做法，必然导致语文阅读教学的低效。

语文阅读教学中的文本细读要求在教师指导下使学生获得对文本的感知、理解、评价。文本细读从字、词、句入手，结合语言的修辞及其背后的丰富意蕴、内涵进行解读，可以使学生从语言进入文学文本的意义世界。倡导文本细读不仅能引领学生感悟到课文的思想内涵，也能引领师生体悟语言表达的力量与魅力。

（二）语文阅读教学中文本细读的实施策略

文本细读是提高教学有效性的必然途径。文本细读应用于中职语文阅读教学需要落实两个具体的操作步骤，一是教师的细读先行，二是文本细读教学的具体实施。其中教师的细读先行是实施文本细读教学的前提和基础，只有教师先行细读文本，对文本形成深刻的细读感悟，才能有效地指导课堂上的文本细读。文本细读教学的具体实施是文本细读应用于中职语文阅读教学的最终落脚点，其实质是在教师细读的前提下，引领学生细读，凭借教师细读的体验唤醒学生的细读体验。只有在课堂上具体地实施文本细读教学，才能促使教师的细读向学生的细读转换，学生也才能在细读过程中获得阅读感悟，掌握细读方法。

1.教师的细读先行

（1）阅读教学是学生、教师、文本之间对话的过程

在阅读教学过程中，作为阅读主体的学生，通过阅读教学感受形象，品味语言，领悟作品丰富的意蕴，体会作品的艺术表现力，最终形成自己对文本独特的情感体验和思考。教师是学生阅读的引导者，在教学过程中起主导作用，要帮助学生完成真正意义上的阅读与欣赏，教师必须对文本进行先行细读。阅读课前教师没有充分地对文本进行细读，就不能形成对文本的深刻的理解、感受、欣赏和评价，阅读课上也就很难与学生开展有效的对话，无

法游刃有余地驾驭课堂。只有教师通过先行细读获得了感悟，才能帮助学生获得感悟；只有教师通过先行细读有了情感体验，才能引领学生获得情感体验；只有教师通过先行细读被感动了，学生才有可能被感动。

好的阅读课深深植根于文本细读的基础上。教师的文本细读是阅读教学的前奏，阅读教学内容的选择、重点难点的确定、教学方法的选取很大程度上取决于教师对文本的解读。教师通过细读每一篇课文，以文本的细节为基础，"沉入文本"，挖掘课文中有价值的教学内容，并依据学生的学情具体确定教学的重点和难点。教师在细读文本的过程中确定细读的关键点，依据细读关键点，确定合适的教学方法进行教学。因此，教师的文本细读直接决定着课堂教学的内容及实施方式，直接决定着阅读教学的优劣。

（2）教师实施文本细读教学应具备的理念和意识

①具备"文本细读"的理念。实施文本细读教学，教师首先应具备"文本细读"的理念，主观上对"文本细读"引起足够的重视。认识到文本细读在阅读教学中的作用，掌握文本细读的方法和原则。通过研读大量的关于课程改革、文本细读理论的教育教学著作，结合理论在实践中不断摸索总结文本细读的方法。探寻新课程背景下对教材细读的新思路，从而提升教师对文本的解读能力。

②明确阅读教学的目的。传统的阅读教学的教学目标是理解课文内容，体会文章情感，教学价值定位在阅读本身上。在这样的教学目标的引导下，学生通过学习所获得的是"意义"和"情感"，阅读教学的目的仅仅是"理解"。只有当阅读教学的目标跳出阅读自身的窠臼，从对语言的理解转向对"语言形式"的学习和运用时，教学内容才会随之发生根本性的变化。

语文教学的根本任务，就是培养学生对语言文字的理解力、敏感度和表达力。阅读的知识并不仅仅是关于阅读对象（文本）本身静止的知识，更多的是关于阅读和写作的可以增值的知识；阅读的过程和方法不再隐藏在课文内容教学之中，而是从课文内容教学的幕后走向了阅读教学的前台，文本细读更强调文本自身的价值，是实现这一任务的有效途径。教师实施文本细读教学时，只有明确了阅读教学的正确目的，才能更好地利用文本细读进行阅读教学。

③确认学生是文本细读教学中的主体。阅读教学中的细读，其实质是教师引导学生与文本、作者、编者进行对话，让学生在与文本的对话中，感受艺术的魅力，增加生活的诗意和情趣。阅读教学中的文本细读虽然强调教师的细读先行，但细读的主体是学生，也是为了学生。对一篇课文的理解、感受，始终都是学生这一阅读主体的阅读和感受，阅读教学不是语文教师讲述自己对课文的理解和感受。教师在备课时心中一定要有学生，始终要考虑学生的主体地位。教师不能代替学生进行阅读和思考，教师的细读不能替代学生的细读。

由于作为阅读教学主体的学生，并不是理想的细读主体，学生知识储备总体不足，阅读经验尚待丰富，阅读策略不够成熟，这就阻挡了学生对文学作品的深入理解和渗透。教师作为阅读主体的"辅助者"，就需要借助自己的人生阅历优势，努力创造情景对学生的疑问给予形象而通俗地的解释。从语言、细节、篇章结构到文化背景都努力做出独到的解读。根据学生的认识水平、阅读经验、思维方式等进行换位思考，在课堂上通过细读示范训练学生的阅读能力，并传授一些文本的阅读技巧和方法。

教师实施细读文本教学首先要明确阅读教学中的细读主体是学生，确认自身作为辅助者和引路人的角色。

④更新备课理念。语文教师通过对文本的仔细阅读，可以实现对文本意义的准确和透辟的理解，是语文教师备课理念更新的一个重要方面。传统钻研教材的目的主要是寻找教学中的重点和难点，设计突破重点和突破的难点的方法。而文本细读则要求语文教师的备课应具有新的理念和新的视野，更新备课的理念首先就是要树立"语文意识"。

（3）教师进行文本细读的方法与步骤

①直面文本，寻找解读文本的关键点。直面文本是最重要也是最基本的细读方法。解读文本就要先直面文本。直面文本，把握文本特点是教师细读文本的第一步。直面文本就是把教学参考、教学资料以及网上的教学设计等先悬置起来，以一种不急不躁的心态，潜下心来，专心致志、全神贯注地面

对文本，让心灵与文本对话，捕捉阅读的第一感觉，既关注阅读感受，又关注文本的内在意义及结构，获得对文本的阅读体验和认知。

从语文学科的特殊性来看，语文教材和其他学科教材相比不同之处在于：其他学科的教材大多直接呈现教学的内容，而语文学科只呈现承载教学内容的文章。语文教学的知识技能、情感态度和价值观就隐藏在这些入选到语文教材中的古今中外优秀的文学作品中，文本的深层内涵又潜藏在课文的语言文字中，需要教师敏锐地发现课文字词句段、标点修辞等的关键点，从而挖掘出文本的深层内涵，抓住文章的关键点成为深入分析文章的重要依据。教师直面文本时所寻找到的解读文本的关键点决定着整个教学的开展。

在应用文本细读备课时教师要直面文本，寻找解读文本的关键点的具体做法是，在不借助网络资源及任何教学参考资料的情况下，不急于去细致地解读课文，而是认真反复默读、高声朗读课文 2～3 遍，对文章的内容有所把握，在对课文内容有所把握的基础上，开始细读课文，一般可以边读边分条记录阅读时的感悟。这些阅读感悟可以是对文中用得好的字词、句子的解读及自我的分析，也可以是针对课文提出的疑问及对这些疑问理解和解答，还可以是对文章内容、写法等突出特点的归纳总结。总而言之，只要是在反复阅读课文的过程中获得的感想和体会都可以进行记录。读完一遍，还有的细节可能尚未被解读出来，可以按照同样的方法再反复读，每读一遍都有新的感悟和理解，对课文的解读在一遍一遍地阅读和记录中变得越来越丰富和深刻。然后将记录下的零碎的感想和思考进行归纳和整理，解读课文的关键点就包含在这些阅读感悟中。

②广泛阅读与文本相关的资料，对文本进行拓展细读。提倡文本细读、直面文本并非死抓文本不放，要学会打开细读的视角，参考与文本相关的资料或是名家对课文的解读和研究，这能够帮助教师开阔视野，扩充信息量，对文本进行拓展，反哺对文本的感悟，更全面精准地认识到文本本身包含的意义及其潜在教学价值，从而选择更合宜的教学内容。与文本相关的资料是丰富的，在课程教学语境下解读文本，这些资料可以是教材编者的"编写说明""单元提示语""课后思考练习"，或能够找到的与文本相关的文史资

料,包括"课文的写作背景""作者介绍""作者的手稿""对课文的评价"等一些散落的微型文本,也包括与课文题材相同或相似的文本,也可以是与文本内容相似的现实生活等。

对文本进行拓展细读必须基于文本,为了文本,对文本进行迁移和扩充,拓展文本的深层意蕴及内涵,为教学而进行的细读,面对文本时需要有一种开放兼容的姿态,不论是他人的见解还是自己的感悟,只要有利于文本,有利于教学的实施,教师都可以拿来为己所用。

③"细读"学情,确定合宜的教学内容。通过细读文本及与文本相关的资料后,教师对文本的解读是丰富且全面的,但并不是所有的解读结论都需要在课堂上教给学生,有限的课堂教学时间也不允许把所有的细读结论完全作为教学内容教给学生。教师需要对细读结论进行取舍,确定适宜的教学内容。确定适宜学生的教学内容应从学生的立场和角度出发"细读"学生的学情。

④设计相应的教学环节。以"学的活动"为基点确定了教学环节的教学内容之后,就要设计相应的教学环节。教学环节是为教学内容的展开而设计的相应步骤。教学环节的实质就是教师组织学生进行充分的"学的活动"。设计要以学生"学的活动"为基点,着重考虑学生怎样学才能学好,每一个环节都应给予充分的时间让学生"学的活动"得以充分开展。

2. 文本细读教学的对策

课程教学语境下的文本细读最终是为课堂教学服务的。现结合自身应用文本细读实施教学的案例,谈谈中职语文阅读教学中的文本细读实施策略。

（1）保证学生充分阅读文本,整体把握文意

阅读教学中的文本细读是教师通过将自身解读的亮点转变为课堂上学生学习的着眼点,引领学生直面文本,沉入语言,揣摩语言,将文字还原成画面,还原成场景,激活学生丰富的生活体验和阅读积淀,带领学生挖掘文本的深层内涵及感悟情感,获得审美享受和情感升华的过程。学生是学习的主体,学生与文本的充分接触显得尤为重要,在学生还未对课文形成整体印象、对课文的重点部分尚不熟悉的前提下就要求学生对文中的词语、句子进行品味咀嚼,必然会因火候未到而造成学生体会不深,理解肤浅,不得要领。因此,

实施文本细读教学，教师首要的是确保学生充分阅读文本，把握文意。读通、读顺是阅读教学最基本的要求，只有在读通、读顺的基础上才有可能进行词句的深入品味和感悟。学生没有充分阅读文本，文本的位置在学生之中就会处于空缺或半空缺状态，就导致所有的理解、感受成了泛泛之谈，最终让语文教学事半功倍。保证学生充分阅读文本是保证课堂走出"架空文本""无效讨论""无中心拓展"等教学误区，课堂走向高效、取得实效的有效手段。

学生对文本的充分阅读如果完全依赖课堂上完成，势必花去大量的课堂教学时间，不但不能完成教学任务，"细读"也只能成为一句空话。既要保证学生充分阅读文本，又要保证"细读"教学的高效性，课前预习就显得十分重要。对于学习缺乏学习主动性和积极性的中职学生而言，如果只是口头布置预习任务，大部分中职学生并不会真正地去阅读课文，即使一部分学生进行了预习，也只是匆匆浏览一遍课文，谈不上充分接触文本。在实施文本细读教学的过程中，为了使学生的预习更有针对性，保证学生的预习真正得到落实，依据课文内容、体裁、讲读形式等进行灵活设计，结合课后练习，采用"课前导读表""导学练习""三读要求"等形式布置学生预习，保证预习环节得到充分落实，并注重抓好课前的检查，有效地保证了学生能够充分阅读文本。

（2）引领学生品味语言，挖掘文本深层内涵

学生能够"粗略"读懂的是文章的基本内容，对文意的把握停留在对文本的表层含义的把握之上，属于"浅阅读"。学生要真正读懂一篇文章，应该是对文章的深层内涵有所领会。而文本的深层内涵恰恰隐藏在学生不能够领会的文本的"深奥之处"。深入理解文本内涵是阅读教学成功的关键，挖掘文本的深层内涵，必须通过品味语言来实现。任何作品都是由语言构成的，任何文本中深刻的思想、充沛的情感、精妙的诗趣哲理，都是依托词语、句子呈现的。任何作品的解读都必须从语言入手，新课程改革也强调语文教学应该从"关注文本"向"关注文本的语言"转变。文本细读具有指向言语的特性，细读的起点一定是文章的语言。细读文本时需要对文本中重要的词语、句子、段落甚至标点等关键点进行品读。

品味语言的实质是通过对作品中的语言文字进行品析、体味、品评与欣赏，发掘文学作品字里行间所蕴含的意思、意味。它不是一个单一的读的过程，而是与理解、感受同步进行，理解、感受的过程就是品味语言的过程。细读教学的重要内容之一是引领学生品味语言。加深对文本的理解，掌握作品语言表达的规律，提高运用语言的能力是品味语言的目的。品味语言的方法尤为重要，实施文本细读教学，教师可以引导学生品味语言的常用的方法包括以下四种。

①结合语境品味语言。文本细读中的语境特指某个词、句或段与它所在的上下文的关系，正是这种与上下文之间的关系确定了该词、句或段的意义。语境是文本细读的一个关键点，只有品读好语境才能更好地理解文本的内涵。联系语境品读，是品读语言的根本原则和总的方法。

"品味语言"所要品味的不是"用于积累"的、脱离语境的、所谓的"好词好句"，而是那些在具体语境中贴切地表达意思、意味的字词和语句。所品味的不是好词好句的"精彩"——给它们贴上"生动""传神"等标签，然后画出、记住，而是对这些字、词、语句在具体语境中的真正内涵、感情色彩和表达作用等进行辨析、品味和理解。

②在比较中品评语言。比较是鉴别的基础，在比较中语言运用的好坏得到最直观的展现，细读文本、品味言语的简捷的通道就是比较。细读文本时运用比较的方法，能帮助学生更真切地感知文本内涵，学生通过改换词语中的用字，不同的句式、变换语序的顺序，参看作者的修改稿等不同的形式，辨别语言的优劣，情感的深沉，发现文本语言的妙处，品评语言的意蕴，走进人物的内心世界，从而对文本形成自身独特的感悟。同时提高学生对语言的敏感度。

③破解矛盾理解语义。文本的语言只是一种显性的存在，而作者真正所要表达的思想和情感往往隐藏在语言这一外在形式的背后。为满足表情达意的需要，作者在进行文学创作时会有意设置很多"矛盾"，因此文本中会出现一些看似自相矛盾的句子、成分间"悖理"的搭配，或词语使用不合习惯等语言现象，教师引导学生发现并破解这些矛盾悖理之处，往往能够使学生

对文本的内容更深入地理解和把握，了解作者的表达方法和技巧。

④圈点批注深化感悟。圈点批注是读者在阅读时结合自己的生活经验与文本对话，为深刻领会文章思想内容、语言形式与情感，用文字或符号把对文本中关键处、精彩处进行深入思考的结果和感悟的内容记录下来的一种阅读方法。圈点批注的过程不仅是对文章思考、品评、鉴赏的过程，也是消化、吸收、转化和运用的过程，是多角度、高层次的阅读活动。在细读教学过程中，圈点批注既是帮助学生理解感悟文本的手段，又是促使学生内化语言的方法，是细读文本的一种重要且行之有效的方式。

实施文本细读教学的过程中，可以指导学生在阅读文本的不同阶段运用圈点批注的方式细读文本。

初读文本时，要求学生标注自然段的序号，圈出需要注音、注释的生字词语，勾画文章的中心句或重点语句及初读时有所感悟的字词句段。这样做的目的是促使学生读通文本，理清思路，了解文章的结构框架，整体感知文章的内容。再读文本时，则设计相应的问题，让学生带着问题阅读文本，在阅读的过程中找到问题的答案并进行圈点勾画，这样教学的重难点、疑点，解读文本的关键字、词、句、段会被学生发现，引起学生的思考。三读文本时，让学生对圈点勾画的内容进行深入的思考，做批注、写感悟、做评价。将学生对文本的理解引向深入，这样做的目的是让读者真正走进作品，形成自己的理解和感受，产生自己对文本的独特创见。这样圈点批注就能始终贯穿细读教学的始终，真正做到把学生的时间还给学生，体现了学生学习的自主性和主体地位，避免了以教师的讲解代替学生的阅读实践。

圈点批注可以促使学生在读书时深入思考，拓展思维，培养习惯，形成能力。学生养成圈点批注阅读习惯可以提高对文本的感悟、理解、欣赏、评价能力。养成圈点批注的阅读习惯，学生将终身受益。

（3）创设情景，激发想象，激活体验，实现阅读还原

语言文字所描述的显像结构本身没有直接可感性，必须借助人的想象，将干瘪枯燥的符号还原为形象鲜活的画面，借助联想将已有的生活经历和经验还原产生移情体验，产生一种如临其境、如见其人的阅读"心理图像"，

即实现阅读还原。从某种意义上说，阅读的能力就是"还原"的能力。实现阅读还原需要激发学生的想象，或是激活学生过去的某些与文字描绘相似的情感体验。阅读还原是读者与作者心灵对话的桥梁和通道。细读不只是读，还需要借助想象和联想。细读若不能产生想象和联想，那么读了等于没读。想象、联想是实现阅读还原的主要途径。

文学是人学，是人情感的外在表现。文本细读教学法讲究情感原则，尊重文本的情感性，有效激发想象和激活情感体验的有效途径之一就是创设一定的情景使学生走进文本并走进作家的精神世界。文本细读教学中，教师要善于通过各种途径和方法创设文本情景，激发学生的联想和想象，移情于文本，深切感悟文学文本的情感因素，并最终融入审美对象之中。这样学生在获得美的享受的同时，审美趣味得到提高，并获得对生命意义的深刻感受和领悟。帮助学生从各自的经验出发去实现与文本的融合，学生在对文本语言进行拓展与延伸、对应与联系、探寻与创造的有效连接中，文本语言的内蕴也逐渐变得丰润起来。

（4）设计基于文本语境的说、写训练，实现迁移贯通

读写结合是天然的教学现象，阅读教学中如果没有了"写"，就损失了半壁江山。遗憾的是日常教学中许多教师的阅读课都没有让学生动笔，而是将大量宝贵的时间浪费在琐细的答问、浅谈的讨论和教师超量的话语上。阅读教学，应该腾出时间、腾出手，让学生多读多写。文本细读是阅读教学的起点，也是写作教学的落脚点，用细读来促进写作，用写作来再现细读。推动文本细读，需要细读成果的表达和再现。教师组织阅读教学时，要具有"迁移运用"的眼光，将阅读与写作结合起来。通过学生表达和再现，将细读引向深入。读写结合是推动文本细读的重要手段。教师在文本细读过程中应关注文本怎么写，为何这么写，发现隐藏在文本的语言增值点，设计基于文本语境的说、写训练，在读写互动中迁移学生的表达能力。

文本细读教学实践中，还要认识到训练学生表达能力的重要性，通常可以尝试依据每篇课文的教学内容，有针对性地设计基于文本语境的说、写训练，促使学生将细读的结果表达和再现出来。

3.文本细读教学的建议

（1）注重诵读

诵读是感悟作品的基本策略，是语文训练最基本的形式和手段。对文本进行反复朗诵，本身就是进行文本细读的方式之一，在学生诵读的基础上对文本进行解读。文本细读教学应注重诵读在教学过程所发挥的重要作用。

在中职学校，因为考试不考诵读，教师就容易轻视诵读。课堂指导学生诵读时经常有一些不当的做法，导致诵读的作用不能充分发挥出来。例如，由于学生诵读课文时，一时读不出感情，找不到诵读的感觉，为不浪费教学时间，教师就放弃让学生充分诵读的机会；学生诵读前，教师不进行诵读方法的指导，不向学生强调诵读时应把握的重点；学生诵读后，不善于对学生的诵读做出合理、正面、积极有效的鼓励和评价，导致学生对诵读失去兴趣；只着眼于整篇课文的诵读，不善于引导学生对课文局部或细读关键点进行反复诵读；等等。这些做法导致诵读的作用发挥不出来。

通过对名师文本细读教学案例的分析，可以发现很多名师在授课时，都十分重视诵读在文本细读中的作用，善于引导学生对课文中的重点段落、句子进行反复诵读，让学生在反复诵读的过程中理解课文的思想内涵，感受文本中的情感。实施文本细读教学时也要重视发挥诵读在细读教学中的作用，尝试运用教师范读、学生表演朗读、配乐朗读、个别读、小组读、分角色读、全班齐读等多种方式指导学生反复诵读全文或文中描写精彩的段落、情感丰富的段落、解读的关键段落、关键的词语或句子，让诵读贯穿整个细读教学过程的始终。并且每一次诵读前一定要针对诵读的词语、句子段落进行诵读要点的指导，以及对诵读停顿、重读等的指导，注意针对学生的诵读进行指导和积极正向的点评。这些尝试表明诵读对帮助学生体会文章传达的情感确实具有不可估量的作用，是对文本关键点进行细读的非常重要和有效的辅助手段。同时，学生通过大量的诵读渐渐将课文中的语言内化为自己的语言，从而增强语感。

一味地让学生高声齐读，看似营造了认真读书、书声琅琅的课堂氛围，但却不一定能加深学生对课文的理解和感受。细读教学中注重诵读形式的多样性，保证诵读的效果，让学生在读的过程中加深对文本的理解，获得体会，读出自己的感受和情感来。

（2）重视"对话"

阅读教学是学生、教师、教科书编者、文本之间的多重对话，是思想碰撞和心灵交流的动态过程。文本细读教学在某种程度上表现为一种多形式的自由对话过程，其本质是为了促进学生言语和精神的协调发展。文本细读教学中重视"对话"，能够打破中职语文阅读教学单一的教学模式，改变教学现状，一定程度上调动学生学习的自主性和积极性。应用文本细读进行教学，教师就要先认识到"对话"教学的重要性和意义，在教学过程中始终贯彻"对话"原则。一方面，要明确倾听是对话的基础，没有倾听就没有对话。理解是对话的核心，只有在理解的基础上进行的对话才是有效的对话。一切对话最终又要回归到倾听这一起点上。教师要为理解去倾听，不要为评价去倾听，只有这样教育才能有其真正的意义和价值。另一方面，教师要在对话中掌握言语的主动权，站在学生的立场上思考问题，挖掘学生言语表达的深层意图，让学生感觉到对话的自由和平等，并运用多种教学技巧来促使对话的有效展开。

（3）倡导多元思维和个性化解读

阅读是学生的个性化行为，不应以教师的分析来代替学生的阅读实践，这就要尊重学生对语言体悟和品析时的多元化感受。在细读文本时提倡多元思维，鼓励对多元价值的解读，这样才能了解文本丰富而深刻的思想内涵。

由于阅读主体的生活阅历和阅读态度不同，决定了每一个人细读文本时的理解和感悟不一定相同，因此文本细读的细读结论不存在唯一的标准答案。细读教学的过程是一个师生间相互启发、相互补充、相互交流的过程，教师需要珍视并尊重学生阅读过程中独特的体验和感悟。

三、语文阅读教学中的人文教育

人文教育就是人文精神在教育中的渗透和体现，旨在培养学生的人文精神，提高学生的人文素养。人文教育的核心和实质是人文精神。要想真正解决当前教育中及社会中存在的问题，就应对学生进行人文精神的培养，人文教育的内涵主旨即在于此。

（一）人文教育的目的与意义

人文教育关注的是人与人、人与社会和人与自然，尤其是整个精神世界的关系是否和谐的教育。目的是通过传授人文知识、培养和提高人文精神，教会人们对自身行为和社会的各种现象做出正确合理的价值判断及选择，也就是教会人们如何做人。

不同的时代，人文教育的主要目的是不同的，但做人的教育这一内涵却是相通的。人文教育最重要的功能就是"教人做人"。人类社会的真善美、伪恶丑和人类社会所走过的历史，主要是通过人文学科丰富的文化内涵来揭示的。只有不断反省历史和审视现在，才能找到人类社会明天的路。通过人文教育，人达到更高的思想境界，才能成为一个知识广博、人格高尚、内涵丰富的人，成为一个对他人、社会和自然具有普遍人文关怀的人，成为一个具有较高人文素养、身心健康的人。人文教育的目的与意义表现在以下四个方面。[①]

1. 唤醒个性解放和个人自觉

从教育学的角度看，要唤醒人的自觉，相对于自然科学教育而言，主要途径和方法是人文教育，通过人文教育，学生可以反思历史得失，思索人生价值，体悟终极关怀。教育之所以为教育，正在于它具有唤醒心灵、解放人性、诱发潜能的功能，让人具有明确的主体意识，去思考自己是谁、身负的责任和使命、自己的意愿和能力等问题，深刻地体会到生命感、价值感。人文教育就是要唤醒个性解放和个人自觉。

2. 抵御物质主义影响，提供人文精神导向

现代人受物质主义与功利主义观念的影响，往往强调物质生活，追求感官享受，讲求简单的快乐。人文教育重视对人自身的内在的教化和塑造，它

---

① 张圣起. 中职语文阅读教学的人文教育探析 [D]. 河北师范大学，2010.

教育人们认识到只有经济和物质的一般追求是远远不够的，人还应该有精神和价值的更高的追求，通过人文教育，年轻一代不仅要知道人类过去和现在所取得的辉煌成就，还应清醒地认识到人类目前所面临的困难和问题，并使年轻一代具备继承人类文化的信心和能力，理性地去思考人生的意义和人类理想的明天。

总而言之，人文教育能为个人提供一种正确的价值理念，为社会提供一种正确的人文精神导向，人文教育对于我国改革开放转型期受多元文化影响的社会价值体系的建构具有重要的意义和作用。

3. 克服智育至上的教育偏失，促进全面发展

教育的目的是德、智、体、美、劳全面发展。但现代职业学校教育受"市场"和"就业"等因素的影响，在教育内容上，专业课程注重逻辑化和系统化的理论知识，注重科技知识的传授和实用技能的训练；文化课程则为应对考试或就业面试只是在皮相上下功夫，而无视或忽视对学生进行人文精神的培养。另外，职业教育专业课改革，文化课被边缘化，无暇顾及人文教育。在教育过程上，重视对流程的理智控制和规范化、程式化，而忽视师生间的情感交流和沟通，注重教师主导地位而轻视学生的主动性；同样，在教学方法方式上，最主要的教学组织形式还是课堂教学，以各种实训器材、教学仪器、教具对学生进行训练。因此，只重视智力的开发，而忽略了人非智力因素——情商的开发，忽视了人文精神的培养，是不完整的教育。

4. 凝聚民族精神，提高国民综合素质

历史的进步源于对民族过去经验的"新的理解"，同样，民族的发展也必须立足该民族的文化传统，继承是创新的基础。落后就要挨打，这是我国近现代史总结出的沉痛教训。表面上看一个民族的落后就是科学技术的落后，实际上民族精神、民族素质的落后才是民族落后的更深层的缘由。民族精神是一个民族在生成、发展过程中逐渐积淀下来的民族生存哲学，是一个民族得以生存和延续的灵魂。人文教育本质上是人的教育，精神教育是一种通过语言指向人的心灵的教育。通过人文教育，了解本民族的文化，将母语所蕴含的民族文化、民族精神的根扎在心灵的深处，并在此基础上构造起自己的

精神家园；通过人文教育，增强本民族的价值观念，增强民族自信心和民族自豪感，把实现个人价值和社会价值统一起来；通过人文教育，凝聚民族精神，提高国民综合素质，从而推动整个社会的全面进步。

（二）语文人文教育应注意的问题

人文性的彰显是语文新课改的突出特点，但是如果违背了语文学科的学科性质和特点，语文的人文教育就会出现问题，甚至走向误区。当前中职语文人文教育应注意的问题具体表现在以下方面。

1. 防止语文教育"泛化人文性"

第一，表现在对学生语言文字教学的忽略上。在具体的教学实践中，有些教师不太重视文本的解读和基础知识的掌握，不注重语文基本能力的培养，仅把目光聚焦于"情感态度与价值观"的光环上，字词难点都没理清楚，就一脚跨过文本，对课文的某一方面做大量的引申和发挥。

第二，表现为对文本的疏离。教师在教学中由于太注重对文本中人文精神、人文内涵的发掘，易从文本中把人文精神抽离出来，把语文课上成单一的人文课或人文课题的讨论课，就会出现语文课"泛化人文性"教育。

2. 应关注生活教育，突出教学特点

语文学习的外延与生活的外延等同，生活是语文学习的源头活水，是语文之树的命根，更是阅读教学的命根。中职语文阅读教学中应该让生活走进课堂，让课堂贴近生活。突出职业特点具体应做到以下方面。

第一，改变过去以课堂为中心的培养模式，将着眼点放到生活中去，放到专业发展上去。

第二，把教学内容的来源与现实生活（包括专业）联系起来，教学中的许多知识、原理、概念、规则都可以在生活中找到原型，因此可以把书本中的内容和现实生活（包括专业）相联系，通过生活实例和实际情况让学生加深体验和理解。

第三，通过教学内容在生活中的应用和现实生活（包括专业）相联系。了解教学内容在生活中的用途、能解决什么问题，使之和学生的现实生活

（包括专业）密切联系起来，进而使学生深刻理解所学内容的生活意义和社会意义。

第四，通过学生直接运用知识解决日常生活问题和现实生活（包括专业）联系起来。这样可以优化、内化、重组学生的知识结构，加大知识间联系的强度。例如，在珍爱生命教育中，可以让机电专业的学生制定自己实习的工作守则，以强化安全意识。

第五，突出服务功能，以服务为宗旨。服务于语文能力的提高（听读说写），服务于就业创业能力的培养（口语训练、交际技能、文明水准），服务于专业学习（语文通用能力的培养，是中职语文教学的重要任务）。

（三）语文阅读教学中实施人文教育的策略

1. 有效挖掘文本中蕴含的人文因素

语文文本中蕴含着丰富的人文因素，是对中职生进行生命意识、责任意识、爱的教育、理想与意志、审美意识等人文教育的良好资源。要在阅读教学中让文本中的人文精神得到有效再现，教师就必须钻研文本，正确把握并有效挖掘文本所蕴含的丰富的人文精神。

（1）用拓展的眼光挖掘文本内蕴的人文因素

阅读是一种个性化的行为，需要把独特感受与作品内涵结合起来。

（2）用时代的眼光去挖掘文本蕴含的人文因素

21 世纪是知识经济时代，是信息化时代，受多元文化的影响，学生在阅读过程中与文本背后的作者对话交流时，因所处的时代不同会对作者的原意马首是瞻，甚至有时采取背叛性的阅读。特别是中职语文新大纲的颁布，新老教材处于交替的时期，对于不同时代的选文尤其是时代较早的选文，特别是寓言和古文以及诗词的教学，我们更应慎重，注意因时代不同造成的审美、观念等差异。

（3）用适度混沌模糊的眼光去体悟文本蕴含的人文因素

语文文本内容包罗万象，内涵丰富多彩，是一门具有较强模糊性的学科。文学作品所反映的社会生活复杂、广阔、深刻，使文本具有歧义性、模糊性、不确定性；再加上阅读是读者与文本对话、体验共融创造的回环往复的过程，受读者情感、知识、审美、观念等诸要素影响，对文学作品的任何解释也就不是唯一的、正确的、最后的解释。

2. 创建充满人文关怀的语文课堂

在语文课堂阅读教学中，教师应构建充满人文关怀的语文课堂，让课堂充满成功的和师生和谐的笑声，让课堂洋溢智慧和丰富多彩的答案，让课堂成为学生心灵自由翱翔的殿堂。

（1）创造宽松自由的学习情境

创造宽松自由的学习情境，才能唤起学生主动体验的热情。学生是课堂上具有独立人格的主体，教师应把学生当成一个主动积极的认知者，只有解放他们的思想，把文本普遍意义与个性化的解读有机结合起来，才能很好地实现语文阅读教学的人文精神的培育。就是要求教师在具体教学过程中，运用多种教学手段创设与文本相同或相似的课堂情境，给予学生自由，让学生自主、自信地去学，发挥他们的主体积极性。这些自由主要体现在以下方面。

①思想自由。传统语文教材中存在着不同程度的单一化、模式化的作品解读套路，这禁锢了学生鲜活的思想。在阅读教学中应打破这一别里科夫式的套子，解放学生的"头脑"，让学生们"敢想"，鼓励学生独立思考、大胆质疑。面对课文，教师和学生之间，教师、学生和作者之间应该在平等的基础上，各抒己见、交流碰撞。当然，有时学生的见解是偏颇的，甚至是错误的，但教师不应该把自己带有普遍意义的"见解"强加给学生，而是要引导学生不断自悟，在平等交流中得到修正。当然有更多的时候学生对文本有着独特的体验和理解。

②言论自由。教师不要让学生戴着追求"标准答案"、寻求"普遍规律"的镣铐跳舞，应鼓励学生大胆说出对作品的个性化解读。问问题是学生思考和质疑的具体外在表现，而说出来则是学生思想和体悟内化的过程。课堂上，学生言论自由，敢于问问题，敢于发表不同见解，能够独立思考、畅所欲言。这样，阅读教学过程当中，学生的体验与教师的体验形成有效交流沟通，这也会进一步激发教师的教学灵感，在这种交互中创造出意想不到的成果。但

现在的教育存在的弊端是教师往往有意无意剥夺了学生课堂上言论自由的权利，学生主体积极性没有得到充分发挥。所以能让学生畅所欲言，给学生言论自由，往往能开发学生的多元思维。

③行为自由。在职业学校语文教学中，根据中职特点给予学生行为自由尤为重要。因此，教师应做到以下三点：第一，根据不同的课型教学的需要，可改变现在教室座位单一的排列形式。在以小组为单位的合作式教学中，教师可把"讲台"搬到学生中间去，形成多个方阵，或形成圆桌会议式等形式，发挥生生之间的互助协作。第二，根据不同文本的难易和教学目标的需要，在课下充分准备的基础上，课上可以让学生当一回小老师，鼓励学生大胆走上讲台，这有利于培养学生敢想、敢说、敢做的个性。第三，力求课堂向社会、向大自然延伸，鼓励学生多动手、动脑，多参加实践，合理利用报刊、图书馆、电子网络、实践工厂企业等有效资源，开阔学生的视野，使之了解人类文化的多元性和世界的多样性，学会正确地认识和评价社会。

（2）创造交流互动的学习氛围

交流是有效教学的前提和基础。创造交流互动的学习氛围对阅读教学尤为重要。要使语文阅读教学有激情、有活力、有创造，就必须展开多角度、多层面的交流，让不同的生命体悟、不同的意见在交锋冲突中得以丰富提高，使其人格、灵魂、精神等得到全面构建。教学要形成这种交流对话，教师应注意以下三点：

第一，平等。教师和学生在教学中是平等的主体，在交流过程中教师是平等者的首席。教师不能把学生看作有待加工或重塑的对象，更不能把学生当作"器"或"筐"，总想往里"灌"或"装"，学生应是共同讨论文本、具有独立人格的主体。在交流过程中，基于平等的人格，师生双方各自的情感、思想、体悟、经验与知识等都参与到交流中，双方在交流互动中滋润了阅读的灵性，获得精神的沟通与升华。

第二，充分，即给以学生充分的阅读讨论时间。阅读得深入、讨论得充分才会把言语符号内化为精神。尤其是在交流中思想产生碰撞时，教师要给予学生充分的时间展开讨论，使讨论趋向深入。

第三，引导。教师一定要对学生做适时的引导，教师阅历相对丰富，应以深刻的生命体悟，参与、融入学生的阅读活动中，以平等者中的首席引导学生阅读体悟，提升学生的精神境界。

（3）创造开放广阔的学习时空

要打破以前的封闭式语文教育模式，积极倡导语文教学内容、过程、方式、评价等全方位地开放，创造开放广阔的学习时空。

第一，开放教学内容。教师应把教材作为圆心，并根据学生的实际情况，积极利用课外学习资源，对教材中的有关内容做适当的调整或重组。通过开展语文实践活动，促进学生利用课堂教学资源和课外学习资源，开放教学内容，加强书本学习和实际应用之间的联系。加强教学内容与社会生活、职业生活以及专业课程的联系，创设与职业工作相近的情境。

第二，开放教学过程。教学没有指令性，实施模块式教学。新的中等职业语文教材分为三个模块：基础模块、职业模块和拓展模块。除基础模块是各专业学生必修的基础性内容外，职业模块是限定选修内容，拓展模块为任意选修内容。在各模块教学中都强调语文的综合实践活动。

第三，开放教学方式。根据中职学生学习需要，实施分类指导和分层教学。教师应重视现代教育技术与语文课程的整合，提倡恰当利用数字化教学资源作为辅助教学的手段，积极倡导自主、合作、探究的学习方式。

第四，开放教学评价。语文教学评价应体现检查、诊断、反馈、激励、导向和发展的功能，尤其要注重发挥诊断、激励和发展的功能。评价的主体多元化，从而使评价更加全面与公正。应重视对学生学习的整个过程的评价，如全程考核法就是一个很好的尝试。对学生的课堂表现、笔记作业、单元小测、期中考试和期末考试进行综合评价，关注学生的学习态度和人文素养的评价，促使学生重视学习结果，更重视学习过程。

3.指导拓展课外阅读进行人文教育

课外阅读活动是阅读教学的重要组成部分，阅读习惯的养成会使学生终身受益。课堂阅读毕竟篇目固定、时间有限，尤其职业教育的改革，削减了文化基础课的课时比重，因此要想利用有限的在校时间更好地促进学生人文素养的提高，作为中职语文教师，就应该发挥好课外阅读的作用。课外阅读是课堂教学的延伸，有效的课外阅读会对课堂教学产生积极的影响。指导学生拓展课外阅读，培养他们的阅读习惯，也是在潜移默化中提高学生语文的综合能力，涵养学生的人文素养。

第二节　语文写作教学

一、语文写作教学的定位

中职语文教学大纲中的课程教学目标是指导学生学习必需的语文基础知识，掌握日常生活和职业岗位需要的现代文阅读能力、写作能力、口语交际能力，指导学生掌握基本的语文学习方法，养成语文自学和运用语文的良好习惯。与此相适应，语文教材应该达到教学大纲所提出的正确处理"语文知识教学与能力训练紧密结合的关系，阅读能力、书面表达能力、口语交际能力互相促进、共同发展"的要求。[①]

此外，教材应该将阅读、写作、口语训练的要求作为教学内容予以明确，在教材内容上写作、口语训练、阅读三者并重，将写作与口语交际训练、语文综合实践活动提高到同等重要的位置，但是在教学中真正实施起来还是困难重重。

二、语文写作教学的策略

语文课程中的写作教学，主要是指学生根据教师提出的要求，采用书面语言进行文本创作，以提高和发展自身写作能力的学习活动。从本质特征来看，写作可以理解为一种利用语言文字符号传递信息知识、表达思想情感、反映客观事物的脑力劳动创作过程，对于学生的语文综合素养具有较高的

---

① 钟少慧. 关于中职语文写作教学的思考 [J]. 中国科教创新导刊，2012（04）：150.

要求。为此，在组织写作教学时，教师应该准确把握具体的教学目标，全面了解学生实际的写作水平，以此为基础实施具体的教学策略。这样可以使教学过程更加符合学生的学习特点，从而循序渐进地促进学生写作能力的发展。[①]

第一，提升写作语言。从具体的内容来看，语言文字是作文最基本的构成要素，作文中的情感表达、事物描写以及信息传递等内容，都是建立在语言文字合理应用的基础上。也就是说，为了提高学生的写作质量，重要的前提条件就是使学生掌握一些具有实用价值的写作语言以及表达方法。为此，教师可以引导学生对一些经典的文本进行全面的赏析，使学生对文本写作语言的精妙之处有更加直观的理解，从而逐渐提高学生的写作语言能力。

第二，积累写作素材。在写作活动中，素材的合理应用是十分重要的。只有合理使用素材，才能使文章的内容更加饱满。所谓写作素材，主要是指在生活中可以看见的、没有经过加工整理的、分散的原始材料。学生在写作过程中要考虑的十分重要的问题是保证文章的内容更加具有真情实感。为了达到这一目标，教师应该有意识地引导学生通过多种不同的途径进行写作素材的积累，这样不但可以使学生掌握更加丰富的写作素材，而且能够使学生对素材的应用更加熟练。

第三，强化写作练习。提高学生写作质量的最直接的方式就是不断组织学生进行写作练习活动。为此，教师应不断组织学生进行不同主题和类型的写作练习。同时，还应该利用恰当的方式对其进行一定的点评，以此来强化学生的写作效果。以《我的母亲》为例，在引导学生积累了一定的写作素材之后，可以组织学生进行写作练习。在写作中，学生需要遵循两个基本要求：首先，要适当使用课内所学的写作方法；其次，要对自己积累的写作素材进行合理的加工。完成写作之后，教师出示本次作文评价的标准，并让学生以此为基础进行自主批改以及互评互改。通过这种方式，可以比较有效地锻炼学生的写作能力。

在语文教学中，教师应对学生的写作教学给予充分的重视，并且要从教

---

① 程国建. 中职语文写作教学策略 [J]. 赤子，2020（06）：4.

学理念和教学方法上进行改进与优化。同时，教师还应该保证实施的教学策略符合学生实际的学习水平，从而更好地保障教学活动的质量。

三、语文写作教学中的思维导图分析

思维导图是一种对于学习很有效的思维模式，如果运用在学生的写作中，可以从仿写课文开始。在阅读教学中，可以适当运用思维导图，绘制出整个文章的思维模式，从而更加充分了解课文的写作特点。接下来，教师也可以让同学模仿课文思维导图绘制写作思维导图，根据写作思维导图进行课文仿写。相较于长篇大论的文字，图形是更形象清晰的信息载体，它能够将所有的信息通过图形展现出来。思维导图是一种表达发散性思维的图形思维工具，它的最大特点就是以不同层次的图形，将复杂的信息简明扼要地展现出来。

（一）语文教学中思维导图需注意的问题

第一，思维导图的关键词存在随意性。思维导图相当于学生在写作过程当中的一个导向图。教师一般会要求学生按照教材当中的经典文章进行自学，但是并没有要求课本思维导图和写作思维导图必须相同。学生应当按照自身的实际情况来进行写作练习。

第二，防止思维导图公式化。思维导图通过放射性思维帮助学生锻炼写作能力，这种方式不仅能够让学生更好地去收集信息，还能使学生的组织能力、创造能力及思考能力得到提升。在写作的过程当中运用思维导图的方式，虽然在一定程度上模仿课文（也仅仅是模仿课文的结构及方式），但是主要内容还是应当由学生自己进行创作并表达，因此应当避免思维导图公式化，不能为了绘图而绘图。

（二）语文写作教学中思维导图的具体运用

1. 运用思维导图寻找素材、确定立意

在学生根据题意分析出多个立意之后，教师可以进行指导，让其想出最

佳立意，然后根据立意找素材。这时选择哪一个立意，就可以根据其所用到的素材来写，哪一个立意的素材更多、更典型，就写哪一个，这样写文章的丰富度和深度就能更高。同时，题目也会变得更加具体，写作的范围、立意的角度、文章的形式体裁就基本能具体化。例如，写一篇题材关于"冷和热"的作文，刚拿到这个题目时，很多同学可能一头雾水，不知道从何下手。这时候，教师就可以利用思维导图，将"冷"和"热"这两个矛盾体背后所代表的意义和人生态度写出来，教师在带领学生审题时，可以让学生尽量发散思维，多多挖掘能代表两种态度的比较新颖的素材，这样立意就会逐渐清晰。这时学生可以根据素材的新颖度以及素材编辑的简易度，选择合适的内容进行写作。①

2.通过思维导图打破思维惯性、发散思路

题材中给出的材料无论是短语还是图画、词语，都要通过个人的理解对它进行解读，从而将它转换成自己的东西，这是写作最开始的步骤。理解这个题材的概念之后，如果只是从概念本身出发，这篇文章可能就没有太出彩的部分，学生也不会对其感兴趣。

总而言之，写作文就像盖房子一样，打好地基是非常关键的一步。而想要更好地完成这一步，思维导图应该是非常实用的学习工具，它可以让学生对题材进行发散性思考，并且将自己所掌握的语文知识更加充分地展示出来，而思维导图中的每一层，都可以将写作中需要用到的观点一步步深化和明晰化。可见，思维导图给中职语文写作带来了新的方向和灵感。而对于中职学生，由于他们对于思维的主动发散还存在一些困难，因此思维导图能很好地帮助他们形成发散思维。

---

① 张颖松. 思维导图在中职语文写作教学中的运用分析 [J]. 职业，2018（02）：114.

第三节　语文口语交际教学

一、创设口语交际气氛

在传统的语文教学课堂上，教师都是自顾自地讲课，根据语文教材按部就班地讲课，学生被动地听课、记笔记。这样的课堂教师具有"权威性"，学生几乎没有表达的机会，教师讲课的时候也不顾及学生的感受，只重视讲课的进度，而学生对语文知识的掌握程度也不关心，学生对于知识的吸收程度也不了解。同时，在这样死气沉沉的课堂中，学生没有发言权。对教师有一种畏惧感，课堂上只是跟着教师的脚步走。对于一些自控能力比较强的学生而言，他们还能够跟着教师机械性地记忆；而对于那些自控能力较差的学生而言，面对这样枯燥无味的语文课堂，他们学习兴趣欠缺，就会在课堂上聊天、睡觉。为了避免这样的教学情况再次出现，教师应该改变传统的语文教学模式，通过多样化的教学模式活跃课堂气氛，调动学生的语文学习热情，让学生能够在语文课堂上积极踊跃地发言。在此过程中，教师应该为学生多创造一些开口说话的机会，增加学生和学生之间、教师和学生之间的交流，为学生提供一个活跃的语文口语课堂。①

二、创新口语教学方法

在中职语文口语教学过程中，教师不但要让学生听懂教师讲课，还应该让学生掌握语文口语交际的技巧和方法，从而提高学生的口语交际能力。在传统的语文口语教学过程中，绝大多数教师都采用填鸭式的教学模式，而传统的教学模式已经难以适应现代化的教学趋势，因此教学改革迫在眉睫。面对这样的教学现状，教师应该在口语交际课堂上运用多样化的教学模式，大

---

① 康有琴. 中职语文口语交际教学分析 [J]. 新课程（下），2016（07）：148.

力采用朗诵、模仿演讲等教学形式进行教学，从而培养学生的口语交际能力，激发学生学习语文的兴趣。例如，在学习完《雷雨》这篇文章的时候，教师可以组织安排学生开展话剧表演活动，学生应该先进行分组，然后挑选自己适合的角色，通过不同的语言形式将人物形象塑造出来。通过这样的表演不但能够让学生活学活用，还能够训练学生的口语交际能力。又如，在学习《应聘》的时候，教师应该开展情景教学，教师可以选择一部分学生扮演应聘者的角色，选择一部分学生扮演面试官，模仿应聘的情景。当面试结束之后，面试官应该对应聘者进行评价、对于应聘者的口语能力进行评说，指出其中的优点和不足。通过这样的模拟教学，不但能够为学生营造一个活跃宽松的学习氛围，还能提高中职学生的口语交际能力，促进学生的创新能力。

三、做好学生口语评价

在传统的语文口语教学过程中，教师都是根据学生的学习成绩进行评价，这样的教学评价过于表面，很难使学生的语文口语能力得到提高。随着社会的飞速发展，社会对人才的要求也越来越高，为了使学生在未来的社会中更好地生活和工作，有自己的一席之地，教师应该改变传统的教学模式，通过开展全方位、多样化的教学评价提高学生的口语交际水平，从而促进学生综合能力的发展。因此，在语文课堂上，教师应该构建一个健全的教学评价机制，在评价过程中还要将学生的口语交际能力纳入评价的范围，让学生认识到口语交际对学生的重要性，从而对学生进行全面的评价。在评价的时候，教师还应该让学生积极地参与到课堂中，除了教师对学生进行评价之外，还可以让学生对学生进行评价，学生之间经常接触，能够更加全面地对彼此进行评价。通过这样的评价，教师对学生的了解会更加充分。在以后的教学过程中，教师也能够做到因材施教，从而提高学生的口语交际能力，提升学生的综合素质。

总而言之，在中职语文教学过程中，教师应该重视学生口语交际能力的培养，通过一系列创新性的教学模式充分提高学生的学习积极性，通过教学改革培养学生的创新意识。同时，教师还应该运用多样化的评价机制，提高学生的语文口语交际能力，提升学生的综合素质，从而促进学生的全面发展。

第四节 语文导学探究教学

导学分为导和学两部分，二者相互联系，缺一不可。导学以学生为主体，教师为主导，实际凸显了教师服务学生学习的特点。导学方法包括目标导学、问题导学、案例导学、情景导学等。探究又称发现、研究，探究教学是在教学时，让学生自己通过阅读、观察、思考、讨论等途径去探究发现原理和结论的一种方法。它的指导思想是在教师的指导下，以学生为主体，让学生自觉主动分析问题和解决问题，在探究的过程中总结规律，形成自己的结论。

导学探究教学是一种师生互动合作的新型教学方法。导学探究教学基于"以教师为主导，以学生为主体"的理念，关注学生学习的过程，主要以导学探究的形式展开，它重视学生在"自主学习，合作探究"的过程中的感悟、体验与合作，以及学生在活动过程中的自主建构。

中职语文的导学探究教学体现了学生自主学习与自主发展的教学新理念，适应教师主导、学生主体的新型教学结构的要求，实现语文课堂从知识教育向素质教育的转变，具有重要意义。①

一、语文导学探究教学的意义

第一，体现了学生自主学习和自主探究的教学新理念。中职学生自主学习能力很差，比较被动地接受知识，故学生自主学习和自主探究需要教师的科学指导与合理安排。语文的导学探究教学法的实施，为学生的"学"提供

---

① 刘干中. 中职教学建模 [M]. 北京：新华出版社，2015：42-51.

了"导"，这就在一定程度上避免了他们"独学而无导"的盲目性，提高了学生自主学习与自主探究的效率。导学探究结合的模式为他们正确掌握自主学习、自主探究的方法，提供了一种可能性。

第二，适应教师主导、学生主体的新型教学结构的要求。中等职业教育中，教师把课堂还给学生，传统的教学方法很难再适应当代语文教育的发展。而教师主导、学生主体的新型教学结构则要求学生借助一定的方法和手段，形成自主学习和自主探究的能力。学生发挥自身的主体性作用，对于教师的教学，能够自主质疑、自主探究，形成良好的问题意识。同时，还能够通过小组合作导学，共同探究，寻找方法，互助"解惑"。

第三，将教学的重心从知识教育向素质教育转变。将知识转化为能力，这是一个颇有难度的问题。知识和能力就像是水与乳一样，共融共生，有所区别，却相互交融。中职语文导学探究教学也是如此，知识的积累形成能力，能力的拓展获得更广的知识，为学生的自主学习、合作探究提供了一种可能性，正是这种可能性进一步促进了语文教学的重心的转移，即从知识教育向素质教育转变。

根据语文课堂教学的要求，在语文课堂教学中，应设有相对稳定的基本思路框架，或称是基本课堂组织结构。教师在中职语文教学活动中，抓住这个基本结构，科学有效地组织语文课堂。学生则通过这一基本结构，实现他们自身语文知识的获得和语文能力的培养。建构主义的学习原理告诉人们，在一定的教学思想和教学理论的指导下，构建较为稳定的语文教学活动结构框架和活动程序方法，对于优化教学过程、提高教学质量有重要意义。

二、语文导学探究教学的特性

中职语文导学探究教学要求教师根据教学内容和学生的认知规律，充分利用教学资源，通过设置情境、布置任务等方法，积极引导学生主动探究语文知识规律，按照导学、探究、合作等流程有步骤地开展语文教学活动。导学探究教学特性主要体现在以下四个方面。

第一，主体性。主要是指在教师有目的、有计划、有步骤地指导和引导下，学生主动地参与教学活动，自主地探究知识、发现问题、解决问题。在这一过程中，对作为实施主体的教师的要求是尊重学生的主体地位，因材施教，从学生的原有知识水平、学习特点和实际需要出发，确定教学内容、教学方法，以及教学目标达成的程度。要把教师的教转化为学生的学，要使学生张扬个性，积极主动地掌握学科的基础知识和基本技能，发展智力，养成良好的学习习惯，使其意志、品质、情感和行为能力得以发展。

第二，实践性。探究性学习是以学生为主体，以实践活动为主线展开教学过程的。以导学探究为课型的课堂中，学生借助一定的手段，参与到实践活动之中，做、学、思一体，实践活动贯穿学习活动的始终，突出学习活动的实践性和具体性。例如，在"应用文写作"《会议通知》一节的教学中，以具体的会议实务为背景，解决会议文书拟写中的问题，完成文书的拟写活动。

第三，过程性。探究性学习是一个由易到难、循序渐进的过程，也是让学生经历一个完整的知识的发现、形成、应用和拓展的过程。其目的是逐渐培养学生发现问题、解决问题、再创知识、创新开发的能力与学习习惯。

第四，驱动性。以任务驱动的方式组织教学活动，充分发挥教师的引领作用和导向作用。例如，在《永远的蝴蝶》一课的教学中，布置前置学习任务，让学生通过品读、思考、讨论，探索作者的情感脉络。学生带着学习任务，通过自主学习、分组合作、探究交流等方式，完成学习的任务。

三、语文导学探究教学的策略

以导学探究为载体，从教学方式和方法的转变入手，进行导学探究教学模式的建构和实践探索，具体策略如下。

（一）课前准备策略

第一，深入挖掘教材。教师是教材的使用者和整合者。因此，教师一定要站在课程纲要与学科课程标准的高度，研究教材、教法。只有深入挖掘教材资源，充分领会教材的总体要求和结构，才能科学地制订学期教学计划，把握各单元、各单课的教学目标。

第二，集体备课编制教案。通过教研组集体备课，共同研讨教学目标、教学策略、教学方法，具体讨论引领学生的任务设计、课堂教学问题设计、课堂探究策略设计等内容。全组老师在初稿上认真记录修改、完善意见，并形成自己的个案。

第三，精心进行个人备课。精心进行个人备课是教师成长的必由之路。教师只有准确地把握、挖掘、执行课程标准，科学设计教案，认真备课，才能熟悉教学内容，实现目标和问题的衔接，创设有效的、精彩的课堂教学。

（二）课中实施策略

以课堂为阵地，精讲精练，因势利导，突破教学的重难点和易混淆的内容，具体如下。

第一，从教学内容出发，设置恰当的情境。在情境中建立问题的主次和衔接，提高问题设置的合理性，使问题环环相扣、相辅相成。

第二，创造机会，让学生广泛收集和整理资料，在亲身实践中体悟语文的规律，提高学生的实践能力。

第三，及时把握学生的学习状态和成效，适时调整学习进度、难易程度及教学方法。

第四，精讲精析，提高讲授的效能。教师在授课过程中，对学生遇到的难点、疑点、混淆点及课程的重点进行详细讲解；对学生业已习得的知识、自己能够理解的知识、超过学生认知水平的知识不进行讲解。

第五，教法有效，以适宜学情的手段和策略实现教学目标。

第六，增强师生、生生间的交流，提高交流的实效性。教师根据课堂具体情况合理调配时间安排和探究方式，确保学生自主学习、合作的时间、参与度及平等性。

第七，进行积极的评价，及时肯定学生的主动意识、进取精神、协作关系、学习成效等，激发学生学习兴趣，保持学生的关注度。

第八，及时捕捉信息，掌握学生完成任务情况，准确把握教学目标达成度。

（三）课后教学策略

第一，在授课的尾段，教师进行简单的小结，设置待考究的问题，促使学生去思考和尝试解决问题，将知识延展到课外。

第二，每一节课后，教师要对下一节课的自学内容提出明确的要求，明确完成时间、内容，分层布置作业，督促小组长收齐并及时上交。

第三，课后教师进行积极的反思，发现优点，更正不足，进一步优化教学方法，完善教学设计。

四、语文导学探究教学的建模

（一）语文导学探究教学建模的依据

教学建模与教学理论流派具有渊源关系，任何教学建模都是在一定的教学理论指导下形成的。没有教学理论的指导，就不可能有相应的教学模式的建立。教学模式是构成课程和作业、选择教材、提示教师活动的一种范式或计划，是在教学思想和教学原理的指导下，围绕某一主题，为实现教学目标而形成的相对稳定的规范化教学程序和操作体系。其实质是人们在实践状态下，系统而综合地组合教学过程的诸因素，整体地操作教学活动的一种相对稳定的形式。

导学探究教学模式是以学生自主学习、合作探究为主要形式，以激励学生认真学习、主动创造探究为基本特征，以促进学生认知、情感、个性等素质全面和谐发展为目标的一种新型语文教学模式。

（二）语文导学探究教学建模的特征

中职语文导学探究教学建模的特征如下。

第一，完整性。完整的教学模式应包括教学背景、教学意义、教学策略、教学程序、教学评价等要素。教学模式是教学实践和教学理论构想的统一，所以它有着完整的结构和一系列的实践要求，体现着理论和过程的统一。

第二，指向性。教学模式的指向性是指在一定的条件下，围绕一定的教学内容，设定明确的教学目标，达成一定的教学效果。因此，在选择教学模式时必须注意不同教学模式的特点和性能，注意教学模式具有指向性，不具有普遍性。

第三，操作性。把复杂的教学思想、抽象的理论用一种较为具体、形象的形式呈现出来，为教师开展教学提供一个简便易行的教学行为框架，使教师在具体教学实践中理解、把握和运用。

第四，灵活性。教学模式不是一成不变的，在具体教学过程中，随着学科性质、教学内容、教学条件、师生情况的不同及社会的发展变化，需要不断进行调整和优化，以便更好地满足教学需要。

建模理念认为没有主体性，就没有创造性。在导学探究过程中，落实学生的主体地位必须做到目标让学生去确定、问题让学生去发现、过程让学生去探索、方法让学生去寻找。

（三）语文导学探究教学建模的结构

完整的导学探究教学模式就是一个具备以上特征的好模式，它的基本结构由以下环节构成。

1. 目标导学，激发兴趣

目标导学是指教师要按照教学大纲要求，根据教材和不同班级学生的不同情况设计三维学习目标，在课前向全体学生明确"教"和"学"的目标，让学生真正明确学哪些内容、如何学、达到怎样的目标。为了有效地构建课堂，必须先激起学生的学习兴趣。因而课堂的导入要生动有趣，促进学生的参与，激活他们的思想，调动他们的学习热情，为课堂教学进行准备。

2. 自主探究，合作解疑

自主包括强烈的求知欲望和好学精神，也包括明确的学习目标和积极主动的学习态度。所谓"自主探究"，是指学生自己充分利用课余时间提前完成老师布置的任务，熟悉文本知识，广泛收集资料，自主探究发现问题，自主解决问题，在亲身实践中体悟语文的规律，提高实践能力。在探索研究的过程中要保持学生的积极性，教师应充分估计学生可能遇到的问题，并适当给予指导。在把握好大方向的前提下，鼓励学生大胆交流探究，并且让学生明白自主探究不能够解决全部问题，鼓励学生积极进行小组合作探究，合作解疑。

3.共同探究，突破难点

共同探究是指师生对课上遇到的难点、疑点、混淆点进行共同探究，突破难点。开展探究活动，增强师生、生生间的交流，提高交流的实效性。共同探究，突破难点的形式是多样的，如"展示主持风采"这一实践活动中，学生既缺乏主持的相关技能，又没有真正的主持实践经验，基于学生的这个实际情况，在特设的情境中进行语言实践，把"学当主持人"定为这一活动的难点。为了突破这一教学难点，采用场景任务驱动法、小组合作探究法，通过小组展示评比来突破难点。共同探究这一教学环节，教师要根据学生的表现进行积极的评价，对生成性问题和重点疑难问题进行启发、引申、拓展、追问，对知识进行深化和提升。教师及时肯定学生的主动意识、进取精神、协作关系、学习成效等，保持对学生的关注度，适时进行点拨，点重点、点规律、点方法，把握落实教学目标。

4.分析总结，拓展延伸

教师组织学生认真分析总结当堂学习内容，构建清晰的课堂脉络。结合课堂内容布置作业，拓展延伸学习内容。

综上所述，"目标导学，激发兴趣—自主探究，合作解疑—共同探究，突破难点—分析总结，拓展延伸"是导学探究教学的一般教学模式。在具体的语文教学活动中，由于教学内容不同、授课文体不同、教学侧重点不同，把一般的教学模式具体化，就形成了特殊的教学模式。因此，语文导学探究教学模式从阅读教学、写作教学、口语教学、综合实践活动教学四个方面进行建模。

（四）语文导学探究教学建模的注意事项

语文导学探究教学建模在实施过程中要注意以下问题。

1. 合理分配时间，发挥学生的主体作用

有效的课堂必须合理地分配时间，在导学探究教学模式下，教师应该把时间还给学生，让学生成为主人。教师应该"以学定教"，把课堂还给学生，引导学生去学习、去发现、去体验，留有充足的时间让学生去独立探究、合作探索、发现问题、解决问题。

2. 重视方法引导，提高学生学习效能

导学探究教学模式下，教师的引导显得尤为重要，教师的引导可以避免学生盲目地学习，提高学生的学习效能。但教师的引导要留有余地、留有空间，不能拘泥于自己的讲课习惯和方法，禁锢学生的想法，改变学生的学习方式，影响学生的创造。

3. 培养合作意识，确保小组活动有效

导学探究教学模式下，会有很多小组合作活动。小组合作的主要目的是培养学生的主体意识，尤其是合作探究能力和组织交流能力。但在课堂学习中，容易出现的情况是课堂热热闹闹地结束了，而知识、能力、方法等教学目标却落空了；或者小组讨论要么频繁进行但无深度探究，要么用时极短无法充分展开。导学探究教学模式不是以追求形式的变革为目的，而是看学生在小组活动过程中是否在积极主动地学，学会了哪些内容，是否将课堂学习的知识、能力、方法迁移到以后的学习、生活、工作中去。为了保证小组活动有效进行，教师应通过多种形式了解学生达成目标的情况，参与学生的探究过程，及时调整方法和内容。

4. 有效调动课堂，促进学生能力提升

语文课教学应依据学情，着眼效率，有效调动课堂教学。教师要做到课堂教学能有效调控，张弛有度，做到能兴趣诱导入境悟神、难点疏导自主建构、资源引导生成拓展，促进学生综合能力的提升。此外，教师应侧重学习方法的技法引导，侧重学生学习习惯的渐次养成，侧重知识及技能的有效迁移，不断学习、不断变革，更加适合学生能力的发展。

第三章　语文教学的创新思维

语文学科是中职学生创新能力培养的重要组成部分，语文教师应该努力培养学生的创新思维与创新能力。要想培养学生的创新思维，教师必须提升自身素质，注重培养学生的自学能力与创新能力。并且充分发挥课堂教学的作用。本章重点论述语文教学思维的方法与品质、语文课堂教学与创造性思维、语文审美教育及其形象思维。

第一节　语文教学思维的方法与品质

一、语文教学思维的方法

语文学科在长期的发展过程中，形成了一整套教学思维的基本方法，掌握这些方法是形成语文思维能力的基础。常见的语文思维方法有分析与综合、比较与分类、抽象与概括、联想与想象等。

（一）分析与综合

分析是把整体在思维中分解成为不同的组成部分，进而分别考察研究不同部分之间的关系，研究它们在整体中的地位和发展变化，从而揭示事物的本质属性的方法。对事物的分析可以是多方面的，既可以从结构、种类、特点来分析，也可以从性质和功能来分析。在具体的情境中，应根据事物的具体情况和需要，恰当地选择分析的角度。从思维的角度来看，可以从整体到局部进行分析。这种思维方法能通过以下步骤来实现：首先，将整体分解成各部分；其次，分析各部分间的相互作用和联系，研究它们各自的地位和作用，以及与其他部分发生相互作用的规律。[①]

---

① 梅运波. 创新思维与语文教学 [M]. 长春：吉林文史出版社，2016：83-88.

在分析的基础上，综合是把研究对象的不同部分重新结合为一个整体，以把握事物的本质和规律的方法。从思维的角度来看，综合具有以下特点：第一，以科学分析为基础。只有在弄清事物的组成部分及相互关系、主要矛盾和次要矛盾、矛盾的主要方面和次要方面的基础上，才能在整体上把握研究对象的本质规律。第二，从局部到整体。此时的整体已不是原先对事物的一种笼统的认识，而是一种理清事物内部组成、相互关系和本质属性的整体。

分析与综合是一种常见的语文思维方法，具有辩证统一的关系，它们既有区别，又有联系，不可分割。首先，分析是从整体到局部、从统一到分离的思维方法，综合与之相反；其次，分析是综合的基础，综合必须依据分析；最后，分析也离不开综合。认识过程总是沿着"分析—综合—分析"的轨迹不断前进和深入的。例如，在语文阅读和写作过程中，需要利用分析和综合理清文章结构，把握文章思路。文章结构是指文章段落内部和段落之间的相互关系。分析文章结构，就是通过分析文章各部分之间的相互关系，并且进行合理的归纳整理的过程。分析文章的结构时，要根据文章的线索与材料的安排，弄清文章的开头结尾，划分段落层次，理清过渡和照应等问题。由于文章结构和作者的写作思路是息息相关的，因此人们往往通过分析与综合的思维方法来把握文章的思路。

（二）比较与分类

比较是明确事物之间异同点的思维方法。其过程是先对观察对象进行分析，分析观察对象各方面的特征，再将观察对象按其特征进行对比，得出哪些方面具有相同点，哪些方面具有不同点，从而鉴别观察对象的异同。在语文教学中，可以通过比较，找出表面上差异很大的事物之间的相同点，或表面上极为相似的事物之间的不同点。中职学生在语文学习中的比较可分为三类：一是类似比较，即比较两个或两个以上对象的相同点；二是差异比较，即比较两个或两个以上对象的不同点；三是系统比较，即全面比较两个或两个以上对象的相同点和不同点。

分类是在比较的基础上，根据研究对象的异同点，把事物分门别类的思维方法。在中职语文学习中，大量的事物之间存在着各种各样的相同点和不同点。因此，人们常常根据研究对象和学习目的，按照统一标准，将研究对象划分为某一类。语文学习中的分类必须遵循以下原则：一是必须制定统一的标准；二是要能反映事物的层次。

（三）抽象与概括

抽象是指通过思维把某一事物的本质属性或特征从众多属性或特征中抽取出来的思维活动。通过抽象，可以使人的认识从感性阶段上升到理性阶段。抽象的思维特点体现在：要根据研究对象和问题的特点，在对事物进行分析比较的基础上，撇开问题中个别的、非本质的因素，抽取出主要的、本质的因素。概括是在抽象的基础上，将事物一般的、共同的属性或特征结合起来，或者把个别事物的本质属性或特征推广为同类事物的本质属性或特征的思维活动。两者是人们形成或掌握概念的前提。概括作为其他思维品质的基础，影响着思维活动的深度、广度和灵活程度等各个方面。概括可以帮助学生进行逻辑推理，培养学生思维的深刻性和批判性；概括可以帮助学生进行灵活的迁移，培养学生思维的灵活性和创造性；通过概括的"缩减"形式，也可以培养学生思维的敏捷性。语文学习离不开概括能力，学生的概括能力越强，其知识系统越完善，知识迁移的能力就越强。

在语文教学中，抽象与概括是一种重要的培养学生迁移能力的方法。从中职语文课本中可以找到许多培养学生抽象、概括能力的材料：学习小说时，可以通过培养学生对小说人物的肖像、心理、语言、行为及环境等描写的具体分析，概括人物的性格特征、思想变化及人物形象，培养学生的抽象与概括能力；学习杂文时，可以通过学生对文章表层语言的分析，进一步揭示其深层含义。另外，抽象与概括也是一种有效的学习文言文的思维方法。

（四）联想与想象

所谓联想，就是因某人或者某物而想起与之相关的相似事物，是从与某事物或现象相似的其他事物或现象中产生新设想的思维活动；接近联想是因事物之间彼此接近而产生新设想的思维活动；对比联想是指因性质或特点相反的事物产生新设想的思维活动；因果联想指因有因果关系的事物产生新设想的思维活动。

想象是人脑对已有表象进行加工、改造而创造新形象的过程。根据想象的目的性可把它分为无意想象和有意想象。无意想象是一种没有目的性的，不需要任何意志努力的一种想象；有意想象是一种有目的性、自觉性和组织性的一种想象。根据创造程度的不同，想象可以分为再造想象和创造想象。

语文想象活动中的认知加工方式有：比拟（把无关的两个或两个以上的客观事物的属性或特征结合起来构成新形象的过程）、夸张（增大或缩小客观事物的正常属性或特征，并使之变形）、拟人（对客观事物赋予人的形象或特征，从而产生新形象的思维活动）。

二、语文教学思维的品质

思维能力是智力和能力的核心。思维品质反映了个体思维能力的强弱，是判断一个人的智力层次（正常、超常或低下）的主要标志。语文教学思维品质是人们在语文学习和实践过程中逐渐形成、发展并表现出来的，能直接影响工作效率的个体智力特征，包括思维的深刻性、灵活性、批判性、敏捷性和独创性五个方面。

（一）深刻性

语文思维的深刻性是指思维的抽象逻辑性，反映了语文思维的抽象程度和逻辑水平，体现了思维活动的广度、深度和难度。它表现在学习者善于深入地、逻辑清晰地思考问题，能抓住问题的本质和规律，善于开展系统而全面的语文思维活动，善于在整体上用联系的观点认识事物，掌握语文知识。

在阅读过程中，教师要培养学生能全面、准确地理解所读的内容，概括文章主旨，把握作者意图的能力；要培养学生善于深入思考，从中发现规律和本质的能力；要培养学生善于比较不同时代、不同文体、不同作者的作品的阅读规律的能力。在写作过程中，学习者要能够透过现象观察事物的本质；

文章立意要有深度，要能够抓住自己所要表达的事物的中心，并用准确、简练、生动的语言进行表达。

（二）灵活性

语文思维的灵活性是指语文思维活动的灵活程度，指思维能够根据客观情况的变化而变化。语文思维的灵活性是以深刻性为基础的。灵活性具有四个显著特点：一是思维方向灵活。语文教师要培养学生善于从不同角度和方面思考问题，用不同的知识和方法正确地解决问题的能力。二是思维过程灵活。语文教师要培养学生善于分析与综合并灵活转换的能力。三是迁移能力强。学习者要对语文知识和语文方法有效地进行正迁移。四是思维结果灵活。

在阅读过程中，教师要培养学生善于使用多种阅读方法，从不同的角度、方向思考所读的内容，并得出多种合理而灵活的结论的能力，要培养学生善于将不同的阅读内容联系起来的能力，以及善于将以前学过的知识和方法灵活地进行迁移的能力。在写作过程中，教师要培养学生善于从不同的角度观察事物的能力，培养学生善于从不同的角度和方面进行选材的能力，培养学生善于采用灵活的表达方式和修辞手法的能力，培养学生用同一题材表达不同的观点、同一观点使用不同的题材的能力。

（三）批判性

语文思维的批判性是指学生对于自己思维过程的一种自我反省、自我调节和自我修正的智力品质。语文思维的批判性具有五个主要特点：第一，分析性，即不断地分析解决问题所需的条件，并反复验证所拟定的假设和方案；第二，策略性，即在头脑中形成解决问题相应的策略、方法、步骤或手段，并在实践中进行检验；第三，全面性，即善于客观地分析正反两方面的依据，坚持正确的方案，及时修改错误的部分；第四，独立性，即善于独立思考问题，拥有自己独特的观点，不人云亦云，盲目附和；第五，正确性，即通过缜密的思维活动，实事求是地分析问题，使得结论具有正确性。

（四）敏捷性

语文思维的敏捷性是指思维过程的迅速程度，思维的速度和正确性是思维敏捷性两个重要的指标。中职学生语文思维的敏捷性是指在学习语文知识时，学生能够快速、准确地掌握所学内容，并在头脑中内化；在运用语文知识解决问题时，学生能够迅速、准确地利用原有的认知结构找出问题的关键，运用恰当的知识和方法，最终正确地解决问题的思维品质。

培养学生思维的敏捷性是中职语文教师的教学目标之一。例如，在阅读教学中，教师要帮助学生掌握速读、跳读、泛读等阅读方法，帮助学生迅速捕捉所读文章的主要观点，寻找自己所需要的主要材料。在写作教学中，要培养学生的观察能力，将观察到的材料变成写作素材；要培养学生在较短的时间内根据要求写出不同文体的作文。

（五）独创性

语文思维的独创性即思维的创造性，它表现为善于独立思考，善于创造性地发现问题和解决问题。独创性品质有三个特点：一是独特性，学生要有自己独特的思维方式；二是新颖性，学生要乐于采用新的思维方法进行思考，这是独创性最重要的标志；三是发散性，学生要善于在广阔的领域内独立思考问题。例如，在阅读过程中，学生要能够根据自己的需要和现实水平，选择适当的阅读内容和阅读方法；在阅读中要善于联想、比较和鉴别，要有个人独特的见解，从中获得美的享受；要能够创造性地运用各种阅读方法，形成自己的观点。在写作过程中，要培养学生形成新颖的观察事物的角度，选择新颖的写作题材；培养学生准确表达自己想法的能力，并逐步形成个人写作风格。

需要注意的是，语文思维品质的深刻性、灵活性、批判性、敏捷性和独创性是完整的思维品质的组成因素，它们之间是相互联系、密不可分的。其中，思维的深刻性是一切品质的基础。思维的灵活性和独创性具有交叉的关系，灵活性富有广度与顺应性，独创性则具有深度和新颖性，两者互相影响。思维的批判性是以深刻性为基础发展起来的，只有通过深刻的认识和周密的思考，才能对事物进行准确的判断和调节；同时，只有不断地进行自我批判，才能更深刻地认识事物的本质和规律。思维的敏捷性是其他思维品质的具体表现。

第二节　语文课堂教学与创造性思维

一、语文课堂教学中创造性思维能力的培养

（一）语文学科的性质、语言与思维的关系

语文学科既是基础工具学科，又是思维学科。语言是交际的工具，人们通过语言交流思想、传递信息。在未来信息时代中，信息的交流更加频繁，作为交际载体的语言会更加丰富多彩。语文学科的任务之一，就是使学生能够正确理解和运用祖国的语言文字，为学生继续学习和工作打下基础。语文学科是基础工具学科，早已得到公认。语文学科又是思维学科，也越来越引起从事语文教学的教师的重视。[①]

语言是人类最重要的交际工具，它同思维有密切的联系，是思维的工具，是思想的直接现实，是思维的"物质外壳"，语言和思维是不可分的。更准确地说，内部语言是思维活动的"物质外壳"。内部语言就是与逻辑思维、独立思考、自觉行为有更多联系的一种高级的言语形态，它的主要特点有三个方面：第一，不出声，或语言的发音是隐蔽的；第二，以自己的思想活动作为思考对象，先想后说或先想后做；第三，"简化"。内部语言是外部语言中的一些片段。内部语言与外部语言相比，在同时思考与表达一个问题时，前者的速度比后者快得多。内部语言不仅是逻辑思维和独立思考的特质基础，而且是思维发展水平的标志。内部语言的发展是和口头语言、书面语言的发展相辅相成的，而思维活动不仅借助内部语言，同时也要借助外部语言实现，

---

① 梅运波. 创新思维与语文教学 [M]. 长春：吉林文史出版社，2016：83-88.

由此可见思维与语言关系密切。

（二）思维与创造性思维活动

思维是人脑对客观现实的概括的、间接的反映。概括的反映，是指思想能够反映事物的本质，能够反映事物间的本质联系和规律。所谓间接的反映，是指思维总是通过某种媒介来反映客观事物。由于思维的概括性和间接性，人通过思维，可以认识那些没有直接作用于人脑的种种事物，也可以预见事物的发展变化。人借助思维，能从个别中看到一般，从现象中看到本质，从现实中推测过去，预见未来。

创造性思维是以解决科学或艺术研究中所提出的疑难问题为前提，用独特新颖的思维方法，创造出有社会价值的新观点、新理论、新知识、新方法等的心理过程。创造性思维往往与创造活动联系在一起。创造性思维的特征是思维的新颖性、独特性，发散性思维在创造性思维中占主导地位。学生在学习中的"发现"，或有创见地解决学习中的问题，也可称为创造性思维。

根据思维在解决问题时探索方向的不同，可将其分为集中性思维和发散性思维两种类型。所谓集中性思维（又称聚合思维、求同思维），是指根据已有信息向着某一方向思考，力图得出一个符合逻辑的正确答案的一种有方向、有范围、有条理的收敛性思维方式。所谓发散性思维（又称辐散思维、求异思维），是根据已有信息，从不同角度向不同方向思考，从多方面寻求多样性答案的一种展开性思维方式。

集中性思维强调主体找到问题的"正确答案"，强调思维活动中的记忆的作用；发散性思维强调主体去主动寻找问题的"一解"之外的答案，强调思维活动的灵活和知识的迁移。集中性思维与发散性思维是思维过程中互相促进、彼此沟通、互为前提、相互转化的辩证统一的两个方面。集中性思维是发散性思维的基础，发散性思维又是集中性思维的发展。集中性思维和发展性思维都是人类思维的重要形式，都是创造性思维不可缺少的前提，二者都有新颖性。

创造性思维活动一般是按集中—发散—集中的顺序进行的。集中为发散提供了起点和归宿，发散又为实现创造（集中）提供了基础。发散性思维是创造性思维的主导成分，但必须与集中性思维有机结合，方能有高水平的创造性思维产生。

创造性思维包含有两种类型：一是重新安排已有的知识，创造出新的经验形象，或对已有知识从新角度去观察分析，也是一种重新安排已有知识的创造性思维活动。重新组合已有知识或从新的角度对已有知识重新观察分析，都能产生新的"发现"，提出对问题带有新颖性、独特性的见解，这是低层次的创造性思维活动，是每个普通人都具有的创造潜能。二是在科学上的重大发现，在技术上的重大发明创造，提出前人没有发现过的新见解、新理论，这是科学家、发明家等人的创造性思维活动。对青少年的创造性思维的培养与训练，是指低层次的创造性思维活动。

发散性思维是创造性思维的重要主导成分，是测定创造力的重要指标之一。根据美国心理学家 J. P. 吉尔福特（J. P. Guilford）的观点，发散性思维具有流畅性、变通性、独特性三个特征。思维的流畅性，是指产生大量意念的能力，即反应迅速而众多，思维畅通无阻、灵敏迅速，能在短时间内表达较多的概念。只要不离开问题，发散量越大越好，这是发散性思维的指标。流畅性可分为四种：①词语流畅性，指产生词语、满足语言特殊构造所要求的能力；②观念流畅性，指在自由的情境下产生所需要观念的能力；③联想流畅性，即列举事物的属性以适应特殊情况的能力；④表现流畅性，指产生连贯性论述的能力。思维的变通性，是指思考能随机应变，变化多端，触类旁通，举一反三，不局限于某一方面，不受消极定式的桎梏，能提出不同凡俗的新观念。思维的独特性，是指用前所未有的新角度、新观点去认识事物，对事物表现出超乎寻常的独特见解，具有新颖性的成分，它代表着发散性思维的本质。

（三）创造性思维与语文教学

语文教学在培养学生创造性思维上，有着得天独厚的优越条件。语文知识是创造性思维的产物，是智慧的结晶，本身就具有智力与创造性的价值，而且语文知识是发展学生创造性思维与智能的基础。有了语文这个基础工具，才能真正将学生学习中的创造性思维能力充分发挥出来。语言既是一种社会现象，又是一种复杂的心理现象，以听、读、说、写教学为例，学生听话需独立思考，进行心理交流，方能很好地感知说者的思想观点，并由此迸发出创造性的思考。阅读与写作则需借助联想与想象，同作者与写作的对象进行"心理位置互换"，才能更好地再现生活图景与表达真情实感，触发新的联想与创造性构思。

汉语历史悠久、源远流长、语言现象纷繁复杂、千变万化。学习语言，有一定的规律可循，其中一条规律就是语言训练必须和思维训练相结合。如对语言的理解，在理解中有变通，在变通中有发散，在发散中又有变通，只有这样，思路才会畅通，才会进行创造性思考。同时，语言同心理过程中的感知、想象、思维、记忆，与心理意向中的兴趣、动机、感情、意志都有密切联系。无论是对语言的理解与摄取，还是运用与表达，都要从开发学生的创造性思维的心理出发，发掘其潜在的智能，才能在学习语文中有新的发现与创造。

所以，语文教学最根本的问题是在教给学生语文基础知识的同时，充分发挥语文学科又是思维学科的特点，对学生进行创造性思维的培养与训练。教师应充分利用这一有利条件，通过语文教学，培养学生的创造性思维。

二、语文课堂教学中要创设良好的思维环境

（一）创设良好思维环境的重要性

创设良好的思维环境是培养创造性思维能力的前提。良好的思维环境会激发学生的认知兴趣，调动学生的学习积极性。兴趣是人的一种带有趋向性的心理特征。学生如果对某种事物产生兴趣时，他就会主动、积极、执着地去探索。教学过程中只有努力激发学生的认知兴趣，才能培养强烈的创造欲望。兴趣是学生发挥认识的主动性和积极性的向导。因此，教师应当努力激发学生兴趣，开启创造性思维的大门，酝酿良好的思维环境。

良好的思维环境可以让学生产生良好的适应心理,具有良好的思维定式。当学生释放心理负担,没有左顾右盼,没有欲言又止的心态时,他就会建立内心自由,即不受冲击、畏惧、强迫、紧张、刺激,而有坚定意志、自强不息,富有较强的洞察力、预感力和强烈的好奇心。语文课堂上教师淡雅的装束、惬意的微笑、文雅大方的举止、和蔼可亲的言谈会让学生欣赏,让学生心理放松,因为这些都可谓是创设良好的思维环境所必不可少的。

良好的思维环境还为营造融洽的师生关系打下基础。创造性思维能力的培养除了要依赖于社会历史条件外,更重要的是赖以顺利展开的各种教学条件,这里主要包括教学气氛和师生关系。良好的思维环境就是要有一个和谐的氛围和融洽的师生关系。在"以人为本"的教学理念下,首先要创设一种宽容、民主的教学气氛,使每个学生都积极参与教学活动,教师不再是宣讲者、指挥者。师生之间民主、亲密、和谐的关系,是进行创造性教学、学生培养创造性思维能力的主要前提。语文教师力求创造这样一种氛围,学生真正在思维上解放,他们不仅把教师看成师长,更重要的是把教师看作朋友。

(二)创设良好思维环境应遵循的原则

创设良好思维环境应遵循的原则主要包括:第一,民主的原则,就是要"以人为本",尊重学生,尊重学生的各种思维,让他们充分发挥"主人"的作用,做课堂的主宰者。第二,整体的原则,面向全体,使每个学生都能在这样的教学环境中开展思维活动,提高思维能力,尤其是那些认为自己不如别人的学生,给每个人以思维的权利。第三,肯定的原则,在上述原则的基础上要做到"肯定"是主导。无论学生给出怎样的答案,教师都要从不同角度给予肯定,最起码肯定学生最初的思维是积极主动有热情的。第四,个性的原则,让学生发挥个性特长,敢于"异想天开""突发奇想",甚至"想入非非",让思维的火花绽放。

(三)创设良好的思维环境的对策

1. 打好思维基础

语文创造性思维能力的培养是在语文思维活动基础上诞生的,语文思维活动是创造性思维能力培养的基础。创造性思维基础应当是相应的知识的积淀，厚重的知识基础是创造性思维能力培养的源泉。

可以组织学生建立资料库，广泛收集语文资料，积累汉语、古诗词名句、名人轶事、成语故事、阅读写作知识等方面的资料，通过晨读时间和活动课时间让学生将收集的资料加以整理；还可以组织学生搜集信息源，大量的信息储存可以使学生开阔视野，博采众长，展开思维视角，认识社会，放眼世界，展望未来，在有限的时间和空间里索取无尽的知识。

学生通过建立资料库和搜集信息源的方式，可以打好思维基础，客观上为学生创立良好的思维环境储备知识。

2.构建良好的学习机制

学习机制是系统过程，但就学习的动机、认知能力看，建立良好的学习机制应先从学习动机入手。比格斯（Biggs）的研究表明，学生的动机决定他们选择怎样的策略，并决定他们使用这些策略的效果。具有外部动机的学生倾向于选择和使用机械学习的策略，具有内部动机的学生倾向于选择使用有意义的和起组织作用的策略。良好的学习动机会促进学生进行思维创造。

三、语文课堂要重视培养学生的思维品质

思维品质是在思维活动中所表现出的个性差异，又叫作思维的智力品质。培养和发展思维品质是培养学生创造性思维能力的主要途径。

（一）培养思维品质的必要性

第一，能使学生辩证地认识、分析、解决问题。苏联的心理学家早在20世纪50年代就对思维品质的培养进行研究，认为思维发展既有共性又有个性，他们既承认思维发展的共性，又强调思维发展的个性，并且指出个性特点就是思维品质。这一观点从辩证唯物主义观点出发，在培养学生的思维品质的过程中让人们看到既有普遍性存在，又有个性差异，从而提出重视个性发展，敢于辨思，从而辩证地解决问题。

第二，有针对性地发展学生的思维。思维品质的发展不但有个别差异，

而且也有年龄阶段的差异。思维品质发展中的不平衡性应该作为思维品质发展年龄特征的可变性的一个重要方面来进行有效的教学。要培养思维品质，就应该针对不同年龄阶段学生的心理特点进行研究，发展和培养学生的思维品质。

第三，使心理学理论与教育有机地结合起来，提高教学效率。苏联著名的教育家赞可夫在研究儿童的思维品质时建立了关于"教学与发展"的思想。他强调在各科教学中始终注意发展学生的逻辑思维，培养学生思维的灵活性和创造性，他的主要思想就是"以最好的教学效果来达到学生最理想的水平"。因此，他把儿童心理发展与教育教学发展紧密地联系在一起，目的是通过培养学生的思维品质达到良好的教学效果。今天人们确立的培养学生思维品质目标就是将它与教学紧密结合，在教学实践中真正地培养学生的思维品质，优化教学过程，提高教学效率。

（二）思维品质培养的主要内容

思维的深刻性，即抽象逻辑性。思维的深刻性集中地表现在善于深入地思考问题，抓住事物的规律和本质，预见事物的发展过程。思维的灵活性，指思维活动中智力的灵活程度，包括思维起点灵活、过程灵活、迁移能力强、善于组合。思维的独创性，是指独立思考，创造出有社会价值的、具有新颖成分的智力品质。思维的敏捷性，指思维过程中的速度或迅速程度。思维品质的具体内容构成创造性思维的整体。

第三节　语文审美教育及其形象思维

审美教育简称美育，是指人们在审美活动中利用自然美、社会美、艺术美等美育资源培养他人，或形成自己正确的审美观念和健康的审美情趣，从而提高他人或自己发现美、感受美、鉴赏美和创造美的能力的教育。

一、语文审美教育分析

（一）语文审美教育的特性

语文审美教育是以美学和审美教育理论为指导，以培养受教者的审美心理结构和审美创美能力为直接目的，以塑造全面发展的完美个性为最终指向，通过各种美的形态特别是语文美和语文教育美所进行的一种文化型的、形象化的情感教育。将语文审美教育视作情感教育，就把它同德育、智育区别开来。心理学一般认为，人的心理功能包括知、意、情三个方面。与这三个方面相对应，智育主要培养人的逻辑思维能力，开发人的智能；德育主要培养人的道德意志能力，提高人的道德情操；审美教育培养人的审美情感，提高人的审美创美能力。虽然德育、智育中也包含一定的情感因素，但却不是主要的。只有审美教育主要培养人的美感情操。正是美育的这种独特的作用和独特领域，决定了它在全面发展的人的教育中的重要地位是其他教育不可替代的。①

语文审美教育具有形象生动性、情感愉悦性、自由创造性、个性鲜明性及和谐统一性的特点。语文审美教育的形象生动性是指语文审美教育主要依靠具体可感的生动形象打动、吸引、感染受教者，以达到教育的目的。语文审美教育的这一特点与智育、德育有明显的不同。智育的主要目的是使受教者提高智能，掌握科学文化知识，它主要运用概念、判断、推理、论证等，偏重于抽象概括，以抽象思维为特点；德育主要传播政治思想、伦理道德观念，在有效的约束中，使人树立科学的世界观，遵守正确的道德行为规范，它偏重于理性说教，带有较强的约束性。无可否认，智育、德育也可借助形象的手段来达到相应的目的，但在智育、德育中，形象只是辅助手段，没有形象，智育、德育仍可施行，而在语文审美教育中，生动的美的形象则是主要的审美媒介。通过它，语文审美教育才能很好地发挥效用。这里既有进入语文课文范围内的五光十色、多彩多姿的审美形态和审美范畴，也有语文独有的美。如汉语言的音乐美，汉字的形象、意志、文章的结构美、意蕴美，特别是文学作品中塑造的鲜活灵动、呼之欲出的生动形象，更是语文独有的

---

① 蒋念祖. 美育与中学语文教学 [M]. 长春：东北师范大学出版社，2000：80-95.

美的表现。

语文审美教育的情感愉悦性是指语文审美教育以情感人，以情动人，最大限度地激发教和学的积极性，在情感相融之中，既使情感本身得到陶冶升华，又达到乐教乐学的教学境界，获得理想的教学效果。

语文审美教育的自由创造性是指语文审美教育能够充分发挥教师和学生按照美的规律教和学的主观能动性，形象地显现他们创造性的本质力量。美、审美和自由创造是密不可分的。自由创造性是美的精髓，也是语文审美教育的根本特征之一。这里的"自由"，不是指随心所欲、恣意妄为，而是有着特定的含义。

自由的第一层含义是指对规律性或对必然的认识、掌握和运用，即按照客观规律进行实践活动。在语文审美教育中，就是在符合教育的客观规律、符合审美教育客观规律的基础上，充分发挥教师、学生的主观能动性，形象地显示他们创造性的本质力量。

语文审美教育的自由创造性表现在整个教育的方方面面，但主要体现在教师教学的自由创造性和学生学习的自由创造性两个方面。在语文审美教育中，教师承担着多重任务，扮演着多重角色。他既是导演又是演员，既是主角又是配角，既要对教材入乎其内，又要为讲课出乎其外，既要体验传达，又要组织管理。对教学内容的处理、教学方案的设计、教学方法的选择、教学过程的组织、教学技巧的运用，都既不能照搬别人的经验，也不能年复一年地重复，更不能用刻板如一的现成模式去解决所有问题。这一切都只有靠教师因人因事、因时因地制宜，追新求异，自由创造。

自由的第二层含义是指灵活多样性。语文审美教育是有意识、有计划、有章可依、有序可循，有时又是随机的、即兴的、偶发的、可变的。即使是经过深思熟虑、周密细致的教学设计和安排，也很难丝毫不漏地把各种可能变格和随机变量全部预测准确，总是或多或少地暗含着一些空白处或未定点。在审美教学实施中，随着教学活动的开展，这些不在原教学设计或方案之内、事先未曾预料到的情况就会随机偶发。在这种情况下，教师就应审时度势，随机应变，因势利导，充分发挥自己的情感、直觉、灵感的作用，从而使教学灵活多样、千变万化、生动活泼、兴味盎然。这种灵活性体现在教学的各个环节上，如处理教材活、教学设计活、教学过程活、教学手段活、课堂气氛活等，这种特点在各种教育活动中都不同程度地存在着，但是由于语文审美教育比一般教学形式更强调教育活动的形象性和情感性，更注重形象思维，这种特点就表现得更加突出、更为普遍、更为典型。

总而言之，无论是创造性地教，还是创造性地学，都是人的自由创造力的生动表现。在创造性的语文审美教育中，教师和学生都能积极、主动、充分地显示他们的潜能、智慧和才华，从而有力地促进受教育者创造能力的全面发展。

语文审美教育的个性鲜明性是指语文审美教育能够突出显现作者、教师、学生的个性，并能最有效地培养受教者的个性。个性是一个人独特的心理特征的总和。个性意味着独特性，积极有益的个性特征是创造性的内在依据。在其他条件相同的情况下，个性越鲜明，创造力就越强，鲜明、独特、有益的个性通过具体可感的形式表现出来，就成为个性美。语文审美教育个性鲜明性的特征主要表现在教师教学的个性和学生学习的个性两个方面。教师的教学是一种富于个性特征的创造性教育活动。教师由于思想认识、气质性格、知识结构、审美修养和教学能力不同，在语文审美教育中，总是会表现出教师自己的精神面貌，表现出他们对教学内容、教育对象的独特感受、认识和情感，表现出他们与众不同的审美修养。如有的教师循循善诱，巧于设疑；有的论证严密，具有逻辑的雄辩力量；有的语言风趣，富有幽默感；有的激情横溢，长于情绪感染。教师自身的个性品质是形成其教学个性的内在依据。个性不同的教师，即使教学内容相同、教学条件相似，他们的教学也会各具特色。如果说形成独特的艺术风格是作家创作上臻于成熟的标志，那么在教学上表现出鲜明的个性色彩则是教师教学走向成熟的典型特征。

在语文审美教育中，学生也有更多更好的条件和机会表现出千差万别的个性。因为在对待个性问题上，以智力为中心的教育与审美教育有较大区别。智力教育也讲究因材施教、尊重个性，但是与审美教育相比，它更着重一般知识的传授、一般逻辑思维能力和实践技能的训练和培养。一般而言，智力教育可以有比较具体的定量分析指标，以确定智力教育所达到的程度。智力教育大体由传授知识、训练技能、发展智力三个基本要素构成。在实现这三方面的教育过程中，施教者必须按照教育、教学的统一标准、统一尺度去要求受教者，受教者也必须努力实现这些要求。智力教育注重智力的一般发展，而审美教育则注重审美个性的陶冶、塑造。审美教育对受教者的审美施教是以极其灵活和自由的形式完成的。受教者的审美感受，经过施教者的定向引导，以及审美媒介的感染，虽然可以发生基本或大体一致的趋向，却无时无处不充满着活跃多样的差异性。因此，审美教育无法明确提出像知识和技能教育那样整齐划一、定量的指标，而总是允许和承认审美经验及其效应的非共时性和选择性。因为审美教育的媒介即审美对象往往存在着某种多义性、模糊性和不确定性，这就给受教者留下了广阔的选择空间。也正因为这样，审美教育特别尊重个性，发展个性，并最终指向全面和谐发展的个性。

和谐统一性是指语文审美教育以审美为纽带，有机整合了语文审美教育系统中多种因素、多个侧面、多种矛盾对立的内容，使之成为完美统一体的特性。

和谐统一为美，是中外美学史上一个占据中心地位的源远流长的美学观念，几千年来经久不衰，至今仍焕发着强大的理论魅力。概括地说，和谐就是主体与客体、人与自然、个体与社会、感性和理性、实践活动的目的性与客观世界的规律性的和谐统一，归根结底是以全面和谐发展的新人为最高理想。

语文审美教育以人的全面和谐发展为最高目标的审美立美的特质决定了它必然追求和谐统一性。无论是形式和谐、内容和谐、内容与形式的和谐，还是审美对象与审美主体之间的和谐，乃至人与自然、人与社会等整体和谐统一，都是语文审美教育的基本特质或内在要求。

第一，形式和谐。在语文审美教育中最能体现形式和谐特点的，就是语文审美教学节奏。语文审美教学节奏的安排与教学内容并非毫无关系，但它总体上属于形式因素，主要体现为形式和谐。教学节奏的安排既要使整个教学过程结构严密紧凑，力避松散拖沓，又要有波澜起伏，切忌平淡无奇，必要时还可以弹拨弦外之音，生发言外之意，甚至可以巧设"空白"，给学生以驰骋想象、回味的广阔天地，从而使整个教学活动动静交替、张弛相辅、疏密相间、错落有致、主次分明、隐显兼容，形成多样统一的和谐整体。

第二，内容与形式的和谐。内容与形式的和谐突出地表现在教学方法的运用与语文审美教育内容的关系上。教学方法的运用不能为方法而方法，为了表面热闹而搞花样翻新，这样虽然能使学生眼花缭乱，但是实际上是一种舍本求末的做法。在语文审美教育中，教育过程的内容与形式应当是和谐统一的整体，犹如一首交响乐，尽管节奏、旋律不断变化，但它们却相互交融、浑然一体。就像特级教师李吉林所说的，每曲交响乐都有它的主旋律，每篇课文都有一定的中心，扣住主旋律，千百个音符便成为乐章；突出中心，各种教育手段才能糅合为有机的整体。

第三，教与学、立美主体与审美主体的和谐统一。语文审美教育活动主要包括教师的教和学生的学两个方面。语文审美教育的根本标志是师生双方在最大限度地发挥各自主动性和创造性的基础上达到一种和谐统一状态。真正的语文审美教育活动，必定是教与学、立美主体和审美主体情绪高涨、交感共鸣、彼此协调、配合默契，双方活动处于高度融合的状态，从而使语文审美教育活动形成完美和谐的统一体。

第四，各矛盾对立因素的整体和谐统一。除前面已涉及的各对立面的统一外，在语文审美教育中还涉及诸多矛盾对立面，如科学性与艺术性、实用性与审美性、工具性和人文性、手段与目的、智力发展与情意陶冶、抽象思维与形象思维、课内与课外、校内与校外等，这些对立矛盾的因素都是语文审美教育应在相应的教育环节、层次、意义上辩证整合为一体的。

总而言之，语文审美教育是一个复杂的统一体，它包含着多种多样的甚至矛盾对立的因素，这些因素只有按照各个层面的教育目的，按照一定的程序即语文审美教育规律协调一致，形成整体，和谐统一，才能最大限度地发挥语文审美教育的作用。

（二）语文审美教育目的体系

教育是一个复杂而庞大的有机系统，包含着不同阶段、不同类别的教育种类。与此相对应，就构成了多维度、多层次、立体网络式的教育目的体系。

作为教育系统和审美教育系统中的一个子系统，语文审美教育的目的也应是一个多维多层的系统。本书拟按照由一般到特殊、由远及近、由抽象到具体的逻辑顺序，把它分为终极目的、一般目的和特殊目的三个层次加以论述。

1. 语文审美教育的终极目的

语文审美教育的终极目的就是语文审美教育最终或最高的指向。我国著名美学家童庆炳先生对这个问题做了相当深刻的回答：语文审美教育的终极目的是一切教育的终极目的，是人类进入共产主义社会才会真正实现的远大目标。作为实现这一远大目标过程的一个历史环节，在社会主义初级阶段，要坚持贯彻落实德、智、体、美、劳全面发展的教育方针，努力把受教者培养成社会主义新人。

2. 语文审美教育的一般目的

语文审美教育是人的全面和谐发展的教育的一个重要组成部分，它应该坚定不移地把全面和谐发展的教育目的作为最终目标。但是语文审美教育又是一种特殊形式的教育。它必须将最高的抽象的教育目的具体化，并与本学科的特征相结合。

语文审美教育一般目的中的审美教育目的，是指通过各种形式的审美教育，如自然美教育、社会美教育、各类艺术美教育都能达到的审美教育目的。它主要包括培养健康高尚的审美观、培养审美感受力、培养审美鉴赏力和培养审美创造力四个方面的内容。

（1）培养健康高尚的审美观

审美观是人们对美和审美的总体看法，是世界观的一个组成部分，是世界观在审美领域的具体体现。审美观指导、制约着人们对世界的审美把握和审美感受，是审美活动的中枢。审美活动，无论自觉不自觉，实际上都受一定的审美观的支配。语文审美教育的首要任务就是以焕发着真善美光辉的事物为生动教材，帮助学生树立正确、健康、进步、高尚的审美观。

由于审美观存在着种种差别，通过审美教育树立健康高尚的审美观就有着极为重要的意义。只有树立健康高尚的审美观，才能谈得上审美能力和创美能力的提高。

树立正确的审美观必须吸引学生参加多种多样的审美活动，接受体现出正确健康的审美观的美的事物的感染熏陶，同时也需要按照美的规律引导学生初步树立健康的审美观点。

（2）培养审美感受力

所谓审美感受力，是指经由感觉器官到达心理活动层面而对美的事物进行感知的能力。它包括对美的事物的外在形式（色、形、声等）的感知能力及对其内在的情感表现、象征意义等的感知能力两个方面。

培养审美感受力是十分重要的。因为审美感受能力是人们进行审美活动的出发点和"门户"，是其他审美能力发展的前提和基础，只有通过审美感受力这个大门，人们才能与美的事物发生关系，进入审美过程，进而获得美感。如果审美者缺乏对美的敏锐的感受能力，他就不可能获得丰富多彩的审美享受。

人的审美感受力的形成与先天因素有关。但是先天因素仅仅是一种条件或潜能，它只不过为审美感受力的形成提供了一种可能。审美感受力的形成主要在于后天的训练和培养，由后天的社会实践、审美实践决定，因此提高审美感受力的唯一办法就是反复实践。

（3）培养审美鉴赏力

审美鉴赏力是指对美的事物的分辨识别和整体领悟评价的能力，它主要包括两个方面：一是对美丑的分辨能力，对美的事物的性质、类型、程度的识别能力；二是对美的事物整体领悟评价的能力。审美鉴赏力是比审美感受力层次更高的审美能力。培养审美鉴赏力比培养审美感受力有更重要的意义。首先，如果没有辨别美丑的能力，就会以美为丑或以丑为美；其次，可以使人识别美的性质、类型和程度；最后，可以使人敏锐地捕捉事物的外在形式特征，善于透过有限领悟无限，得到韵味无穷的审美享受。

（4）培养审美创造力

审美创造能力指的是审美主体在实践中按照美的规律，表现美、创造美的能力。按照美的规律改造客观世界和主观世界，是人类社会实践活动的本质。社会越发展，要求按照美的规律美化人类自身和建设世界的活动就越具有自觉性和明确的目的性。人们认识世界是为了改造世界，同样，人们感受美和鉴赏美是为了更好地表现美、创造美，是为了创造更加美好的生活。因此，上述审美教育功能的最终实现，都要落实到人们表现美、创造美的社会实践。创造力是人与动物的主要区别之一，是人类智慧的最高表现，也是衡量一个民族、一个人素质状况的直接标志，人自身素质的高低，是和他的创造能力的强弱成正比的。审美教育的目的之一，就是提高这种创造能力。在审美中，审美主体处于一种最自由的状态，它使人的个性得以最充分地展开，想象得以最广阔地驰骋。这就为个性的发展和想象力的培养提供了最佳机遇。一个人如果没有个性的充分发挥，没有丰富的想象力，只会循规蹈矩，亦步亦趋，创造力就难以形成和发展。

语文审美教育和一般审美教育目的的上述四个方面是互相联系、密不可分的。一般而言，审美观是中心，审美感受力是前提和基础，审美鉴赏力是审美能力的发展和深化，审美创造力是审美能力的升华和归宿。它们互相依赖，互相渗透，最终达到美化客观世界和主观世界的目的。

3. 语文审美教育的特殊目的

语文审美教育的特殊目的就是语文审美能力。语文审美能力就其典型形态而言，就是文学审美能力。文学审美能力就是人们发现、感受、鉴赏、评价乃至创造文学美的能力的总称。它虽与一般审美能力的基本要求相通，但又有自己的特殊规律和要求。

（1）培养文学审美感受能力

与其他艺术相比，文学是语言的艺术，是运用语言文字来塑造形象反映社会生活、表达作家的思想感情的。语言是思想的物质外壳，是思想的直接现实，这就使文学形象具有非直观性或间接性。面对文学作品，读者看不到形象，看到的只是语言符号。读者只有识字并掌握了文字的意义，再借助联想、想象，才能把头脑中的作品转化为具体可感的相应形象。也就是说，读者借助语言符号才能感受到文学作品中所塑造的文学形象。在创作中，作家通过语言把形象固定下来，而读者只能依据作家的语言才能唤起有关现实和情感的表象经验，从而把握文学形象，"破译"其中的意义。这就决定了文学的特点，也决定了文学感受的特点和途径：只有在识字的基础上，通过联想、想象，才能把语言符号所描绘的形象再创造出来，才能进入作品创造的艺术境界，形成如闻其声、如见其人、如临其境、栩栩如生、呼之欲出的审美效果，领悟作品诗情画意中蕴含的情思内涵和人生哲理，获得醇浓悠远的审美愉悦。因此，对语言感受的灵敏性、直觉性、细致性和统摄力，特别是通过语言所表征的色彩、线条、形体、音响等的感知进行联想、想象的能力，在文学审美感受力中占据极为重要的地位，成为文学审美感受力所着力培养的主要内容。具体而言，它至少包括以下四个主要因素。

①培养吟诵、"美读"能力。吟诵朗读是提高文学审美感受力的传统方法。其要义在于通过对作品音声节奏的感受，由文人情，由文本世界进入作者世界，达到与作者神气相通、心灵感应的审美境界。

②培养"语感"。在艺术教育界，流行着听觉艺术培养"乐感"，即"音乐的耳朵"，视觉造型艺术培养空间"形式感"，即"感受形式美的眼睛"的说法。文学是语言的艺术，为此很多人认为就是培养"语感"。"语感"实际上就是对语言文学从形式到内容的审美感受的灵敏性、直觉性、细腻性、综合性、整体性以及联想、想象能力的总称，是一种审美直觉。

③培养文学审美通感。审美通感是指审美活动中各种感觉的相互挪移，交互为用。文学审美通感的特殊性主要在于它是通过语言描写而引发的，因而更需要感受的敏捷性和活跃性，需要联想、想象的积极参与。文学中利用通感达到最佳审美效果的案例较多。例如，宋祁《玉楼春》："绿杨烟外晓寒轻，红杏枝头春意闹。"看到绿杨如烟是视觉形象，却连带勾起了"寒"的温度感觉，又由"寒"勾起了"轻"的重量感；看到红杏盛开是视觉形象，却连带引起了"闹"的听觉感受。这是由视觉向温度感觉、重觉、听觉挪移。

多种感官的相辅相成，使审美感受具有综合性和整体性。

④培养文学审美感情力。"感情"在这里不是名词，而是动宾词感运、感觉、感受情感的意思。文学作品是作家情感思想的物化实体，具有丰富的情感价值。在语文审美教育中，文学作品的情感信息自然而然地会向受教者释放。与此相对应，受教者就要具备接受作品情感信息、感应情感的能力。这种感应情感的能力，就是所谓的"感情力"。文学审美感情力是文学审美感受力的重要组成部分。文学是"人学"，也是"情学"，感情力直接影响文学接受的品质和效应。感情力越丰富、细腻、敏感、深沉，就越有利于文学作品的审美情感把握。

（2）培养文学审美鉴赏能力

文学审美鉴赏是对审美对象的鉴别与评审，鉴赏的层次高于文学审美感受力。文学审美感受力的诸多内容是初级的文学审美活动。而文学审美鉴赏能力则是在较深刻的审美领悟、品味、感受的基础上，理性因素相对突出的高层次文学审美能力。这种能力高度发展的标志是共性与个性的统一，既在文学鉴赏中表现出鲜明的个性，又能在这种鉴赏评价中体现出较普遍的客观社会理性内容。它以文字表达的内容为想象的出发点，以对文字表达内容的理解为展开想象的前提，通过表层理解，达至深层理解，即对于对象的整体把握。

（3）培养文学审美创造力

在语文审美教育中应当重视启迪学生创造美的灵性，挖掘学生丰富的创造潜质，点燃他们审美智慧的火花，使他们在语文审美实践中有所发现，有所创造，培养出创造美的能力。要达此目的，至少要重视以下审美教育环节。

①重视培养学生语文美创造的意识。古人谈创作强调"意在笔先"，虽然谈的是创作过程，其实对于整个创造活动而言都有普遍意义。即创造活动是以创造主体有了强烈的创造意识、创造愿望和创造追求为前提和动力的。创造意识的强弱往往成为创造潜质开掘和发挥程度的重要标尺，创造意识的培养有着极为重要的意义。

②学习创造美的方法和技巧。语文美的创造需要具备生活、思想、方法

和技巧上的诸多条件。首先应有一定的生活基础，它既包括生活积累，也包括感情积累，要学会在生活中观察、体验、比较、分析。没有生活的积累，很难创造真正的语文美。其次是使学生在具体的语文审美活动中，不仅要明白是作者创造的课文中的美，而且要深入认识作者是如何创造这些美的，进而学到表现、创造语文美的方法和技巧。

③引导学生按照美的规律进行语文审美创造实践活动。作文是综合性很强的审美创造力培养活动，它不仅讲究思想内容美，而且讲究语言形式美。例如，学生要写出一篇"文质兼美"的佳作，除了必须具有高尚、深刻、美好的思想感情外，还必须掌握语文表达的方法，用美的语言形式表现美的思想感情内容。因此，在作文审美教育中，就应刻意启迪学生创造美，把创造意识落到实处。

此外，从21世纪社会发展的特点和语文审美教育发展的趋势来看，用口头表达创造美的能力的培养也是不可忽视的。这也是一种综合审美创造能力的培养活动。声情并茂的朗诵、针锋相对的辩论、震撼人心的演讲、生动活泼的即兴发言，是展示这种美的创造的主要形式。对口头表达美的创造力的培养，可以改变历史悠久的重笔不重口、重文不重语的不均衡局面，使学生语文美的创造能力更加全面。

（三）语文审美教育的形象化

语文审美教育是一种形象化的情感教育。将语文审美教育视作形象化的情感教育，就把它同德育、智育区别开来。从教育手段来看，美育与德育、智育有明显的区别。德育、智育主要以理论教材、科学著作、实验仪器等为工具，以上课、报告、讨论等为手段，往往离不开抽象的概念、逻辑的推理。虽然德育、智育也应尽可能借助美的形象，但是形象性的内容是起辅助作用的，德育、智育离开美的形象仍可基本上达到自己的目的。只有审美教育才以美的形象为主要手段，理论分析和抽象概括只起局部作用；离开了美的形象，就很难实现审美教育的目的。

在语文审美教育中，生动的美的形象则是主要的审美媒介。通过它，语文审美教育才能很好地发挥效用。语文审美教育的这一特点是由美的形象性和美感的直观性决定的。形象性是美的首要特性。无论自然美、社会美、艺术美、科技美，还是崇高、优美，都不能脱离具体可感的形象，都是通过栩栩如生的形象呈现出来的。另外，在审美活动中，无论欣赏哪一种类型的美，无论通过怎样的方式途径去欣赏美，都是从对美的事物的直观形象起步，通过对具体可感的形象的直接感受，领悟其内在意蕴，获得审美愉悦。总而言之，形象性是语文审美教育的基本特点之一，审美教育与形象思维能力的培养与右脑开发有着密切的关系。

二、语文形象思维分析

形象思维是人的大脑自觉反映客观的具体形状或姿态，运用观念形象（意象）加工感性形象，从而能动地指导实践，创造物化形象的思维活动。它可通过创造真实感人的艺术形象来反映生活，揭示生活的有关本质与规律。

形象有主客观之分，客观形象就是能引起人的思想或感情活动的具体形状或姿态，也就是客观事物在立体空间中的存在状态，以及这种状态随时间而发生的变化。主观形象是客观形象在人的感官与头脑中的能动反映。主观形象有初高级之分：初级阶段即感性形象认识阶段，主观形象分为感觉形象、知觉形象、印象和表象；高级阶段即理性形象认识阶段，主观形象表现为意象，它是观念的或理性的形象。客观形象是纯客观的，但主观形象不是纯主观的，它的形式是主观的，内容是客观的，可见主观形象是主客观统一的形象。还有另一种主观形象（意象）的物化形式，如艺术形象，有人称之为物化形象。艺术形象的主客观统一，是"主观见之于客观"的形象，即通过形象思维指导的实践活动而创造出客观形象。所谓主观形象，是"客观见之于主观"的形象。

形象思维是一种以客观形象为思维对象、以感性形象为思维材料、以意象为主要思维工具、以指导创造物化形象的实践为主要目的的思维活动。

形象思维最突出的特点是鲜明的形象性，有时还带有浓郁的感情色彩，并通过一定的个性来反映共性。

首先，形象思维是以客观事物的形象作为思维的对象，如自然界美不胜收的景物、千姿百态的景色、各种人物的音容笑貌、各种文学艺术的形象等，这一切构成了人们认识大千世界的内容。

其次，形象思维主要使用意象、具体概念、形象的语言、各种图形等形象性的思维工具。形象语言从性质上分三类，即视觉语言、听觉语言、视听综合语言。这三种语言又可分为名词、动词、形容词。名词反映特定事物形象，如人、湖泊；动词反映特定事物运动形态，如哭、笑；形容词反映事物的性质、状态，如绿、尖等。人们运用形象思维的工具，就可对事物的客观形象进行分析、比较、综合、概括，引起联想与想象，创造新的观念形象与物化形象。

最后，形象思维除使用形象性语言外，还可使用形象性的非语言手段，如图形、模型、动作、表情及各种姿势等来传达思想、情感，表达意象。形象思维通过个性反映共性，揭示个别事物的本质特征、必然的运动发展来认识某类事物的共同本质和普遍规律。

（一）语文形象思维的审美性质

语文的形象思维总是带有一定的审美性质，语文形象思维的审美性质突出表现在它的情感性上。

在审美活动中，这种情感反应离不开形象、思解的启示和引导，否则，就不会是包含着理智的审美情感；同时，这种情感又会反作用于形象思维，使形象思维的诸认知因素以情感为纽带有机地组合起来，形成一种富有情感色彩的思维活动。语文的，乃至其他艺术的形象思维与科学研究中的形象思维的根本区别，正在于它的情感性。

在具有审美意义的语文阅读和写作中，情感活动贯穿形象思维的全过程。作者总是在现实生活中对他所接触的事物有了某种感情，才会产生表现这一事物的欲望和动机。语文形象思维是通过形象来再现生活的，它的任务不仅在于塑造出具体直观的形象躯体的外壳，更重要的是塑造出支配形象生命的内在的思想情感的灵魂。同时，作者并不是冷漠地、纯客观地对待形象，自己主观的思想情感总要自觉或不自觉地渗透或融入形象之中。即使那些以描写自然景物为内容的作品，在景物形象身上也无不渗透着作者的思想情感。例如，杜甫的《春夜喜雨》，全诗并无一个"喜"字，而诗人的欣喜之情借托春雨景色得到了充分的体现。由此可见，一方面为表现形象本身思想情感的需要，另一方面作者主观的思想情感即对生活的审美评价和情感态度又必然融入形象之中，所以作者形象思维的过程就不仅是形象运动的过程，而且是饱含着情感运动的过程。

读者阅读文学作品或记叙文，其形象思维的过程也必然伴随着情感。作者以形象思维饱含着情感写成的作品，具有强烈的感染力量。当读者按照语言文字的示意进行形象思维时，不仅会在大脑中再造出相应的形象图像，而且会激起某种相应的情感与之相匹配，使大脑中的形象成为有血有肉又有情的真实动人的形象，自己也从中获得某种情感的经验和感受。所以在读者的阅读中，形象思维的形象运动也总是与情感运动相交织，表现出再造性形象思维情感性的特点。

科学研究中的形象思维或抽象思维，也需要情感的力量。但是，对科学研究者而言，这种情感主要表现为对工作的热爱，它只能化为工作的热情和克服困难的决心，促进和推动科研工作者积极地去探求真理，却不能将情感带入形象思维和抽象思维的内容和结果中去。因此，在科学研究领域的形象思维中，情感并非形象思维的组成因素，形象思维仅表现为认知的功能；而在语文形象思维中，情感成为形象思维重要的组成因素之一，在情感与诸认知因素的协调作用下，审美主体不仅可以达到对审美对象理性的理解和认识，而且可以产生丰富而深刻的审美感受。

（二）语文形象思维的认识加工过程

按照传统观念，人的认识由感性到理性靠的是抽象思维。语文的形象思维是一种思维，其能否达到理性的认识，是近年来学术界研究的一个重要课题。目前比较一致的看法是，形象思维作为人类认识事物的一种基本的思维类型，同抽象思维一样，可以从感性认识达到理性的认识。那么，作为一个完整的思维认识加工过程，它需要经过形象的感知和形象的理性化两个阶段。

1. 形象的感知阶段

形象思维和抽象思维一样，它的基础是感性认识。感性认识包括感觉、知觉和表象三种互相联系、依次发展的形式。无论是抽象思维还是形象思维，对客观对象的感觉是认识的第一步。感觉反映的是事物的个别属性，知觉则是关于事物整体的反映。感觉和知觉的重要收获是大脑对客观对象摄取了相应的映象。映象带有直观性的特点，这种直观的映象记忆在大脑中，事后再回忆它时便是表象。感觉、知觉和表象都属于感性认识，但表象比感觉、知觉的认识更进了一步，它具有直观形象性和初步概括性的特点。从感觉、知觉到表象，反映出人的认识由部分到全体、由直接到间接的趋势，但这种认识所反映的仍然是事物的表面现象和外部联系，因而它还是一种比较认识活动。

表象是感性认识的最高形态，它在人的认识过程中有着非常重要的作用。前面说过，人的思维是在大脑中进行的，它不能直接以客观事物为加工对象。由于表象是对客观事物形象的模拟，而且储存于人的大脑中，不像感知那样受时空条件的限制，所以表象不仅为大脑的思维加工提供了原料，而且为大脑的随时加工创造了条件。同时，正因为表象既具有直观形象性又具有初步概括性的特点，所以形象思维才可能以直观形象为原型进行加工改造，塑造出外在形态更丰满、内在意蕴更丰富的新形象，从而使新形象能够以个别反映一般，具有更高的典型性。抽象思维也才能对直观形象进行抽象和概括，把形象的直观转换为抽象的规定，从而形成对事物的本质属性的反映。表象是感性认识的终点，又是理性认识的起点，所以它是由感知过渡到思维、由感性认识过渡到理性认识的中介。这里所说的"思维"，自然既包括抽象思维，也包括形象思维。无论抽象思维还是形象思维，都是在感性认识的基础上，或者说是以表象为起点开始的，但在继续前进时却分道扬镳，走上了不同的途径。

2. 形象的理性化阶段

形象的理性化，就是通过形象思维的方法，对表象材料进行"由此及彼、由表及里、去粗取精、去伪存真"的加工处理，使表象转化为具有理性意义（典型化或理想化）的新形象，由原先的感性认识发展到理性认识。下面具体分析形象思维加工的两个基本环节。

（1）通过形象的分析和综合使表象转化为意象

同抽象思维一样，形象思维也存在着分析、综合等基本的思维过程，或者说形象思维是凭借分析和综合对表象进行思维加工。同时，那些比较复杂的形象思维过程也离不开抽象思维必要的参与和调节，如小说创作中的情节安排等。为了把抽象思维的分析、综合等过程与形象思维的分析、综合等过程区分开来，习惯将前者称为抽象的分析、综合等，把后者称为形象的分析、综合等。形象思维除分析和综合外，主要还有比较和概括，下面分别探讨。

第一，形象的分析。就是把整体形象分解为各个部分，从而认识每一部分的形象特征的思维过程。

第二，形象的比较。就是对同一形象各部分或不同形象的相同部分特征的辨别，它是理解和认识的基础。它往往与形象的分析同时进行，分析中包含着比较，比较中也包含着分析。

第三，形象的综合。就是把被分析、提取的局部形象特征按照它们之间的有机联系再组合成新的整体形象。

第四，形象的概括。就是把许多形象所具有的共同的形象特征，或把某一形象分析出来的具有同类形象一般的、共同的形象特征结合起来。

综上所述，形象的分析、比较、综合、概括，既是形象思维基本的思维过程，也是基本的思维方法。在形象思维过程中，出于不同的目的和需要，形象的分析、比较、综合和概括又有不同的加工途径。出于再现现实形象的需要，思维加工时以曾经感知过的某一现实形象为基础，经过对感性表象的分析、比较、综合和概括，使这一现实形象身上的非本质的成分被筛选，本质的成分被提取，最后得到能够反映现实形象本质特点的新形象。形象思维经过这样的分析和综合，原先感性的表象也就逐步转化为理性的意象。在思维过程中,经过对感性表象的分析和比较,不仅有关部分的形象特征被提取、被显示,而且在分析、比较之中即包含着初步的主观认识;再经过综合和概括,所产生的新形象对同类事物在本质意义上也就具有一定的典型性和概括性,这时的主观认识也就达到了理性的水平。这个新形象虽然是在原先表象的基础上产生的,但已质变为富有典型意义和理想色彩、包括主观认识(及情感)的理性的新形象,正是在这个意义上才称之为"意象"。

(2)通过回想、联想和想象展示意象的丰富内容

意象不仅具有直观、形象的外部形态,而且在它身上蕴含着自身内在的特质及与其他事物的联系,它是内容与形式的统一。意象内容的展示过程,是在意象孕育基础上,在内部语言参与下更高一级的思维加工。在这个过程中,意象是思维加工的主体对象,回想、联想和想象则是基本的思维运动形式。

回想是人的思维运动的形式之一,不过它在思维中是一种比较思维运动形式。想象指在知觉材料的基础上,经过新的配合而创造出新形象的能力。

联想,就是由一事物而想起另一事物。它的思维功能就在于能够从事物之间的特殊联系上去揭示意象的内容,从而达到对事物的理性认识。此外,联想可以分为接近联想、相似联想、对比联想和关系联想等,尤其是后三种联想都反映了事物之间的一种特定的关系。通过这些联想方式,便可以将两种意象按照某种特定的关系组合起来,形象思维的理性认识也就体现于这种特定的关系之中。所以,联想在形象思维中起着重要的作用,由于联想从某一意象扩展到了其他意象,这样不仅可以丰富思维的内容,而且可以从意象之间的特定关系去揭示事物的本质。

由上可知,回想是现实性意象内容展现的主要思维运动形式,以它为主体而形成再现性的形象思维;想象是创造性意象内容展现的主要思维运动形式,以它为主体而形成创造性的形象思维;联想则以自己的独特作用给二者以密切的配合,是一种心理活动的方式,联想的特点是从某一事物想象到与之有一定联系的另一事物。但在实际思维过程中,回想和想象又往往是互相渗透的,回想可以使想象获得现实的基础,想象又可以为回想增加理想的色彩。

形象理性化是形象思维认识加工最重要的一个阶段,亦即理性认识阶段。在第一个加工环节上,通过形象的分析和综合,感性的表象上升为理性的意象。意象既具有生动、具体的外在形态,又包含着被凝缩的丰富内容,它是内容与形式相统一的综合体。意象的诞生是形象思维飞跃到理性认识的标志。在第二个加工环节上,通过回想、联想和想象,意象内在的凝缩着的丰富内容被展现出来,形成一个有序的、合乎现实逻辑的意象系统,这个意象系统便是形象理性化阶段的最高形态。这主要是形象思维理性认识加工的基础过程。

(三)形象思维的培育

1. 表象的培育

表象是形象思维加工最基本的材料,学生大脑中表象的量和质,直接关系着形象思维加工的效率和质量。如阅读作品,如果学生头脑中缺乏足够的表象储备,在阅读中就会常常遇到难以对陌生的事物进行表象组合的状况。再如写记叙文,学生也常常会遇到因头脑中表象不清晰而难以具体、准确表述的情况。所以,平时注意表象的积累,并注意不断提高表象的质量,是形象思维培育中最基础的一项工作。

丰富学生的表象,提高表象的质量,根本途径在于教学生平时勤于观察、善于观察,使他们具有较高的观察能力。从表象的形成上来看,不仅应该注意不断地开拓学生的观察范围,更重要的是要培养他们在观察中主动分析、综合及对事物因果联系的发现能力,培养他们观察中的审美能力,这对提高表象质量有着决定性的意义。

教学生广泛地阅读作品,是以间接的方式丰富表象数量和提高表象质量的重要途径。人直接的感知范围总是有限的,而且有一些事物(如古代的、外国的、宇宙的、微观的事物等)是不能够或难以直接感知的,而阅读恰恰在这一方面弥补了直接感知范围的不足。同时,阅读不仅是一个调集头脑中表象进行再造想象、理解作品形象的过程,也是一个作品形象反作用于表象使其得到改造和优化的过程。阅读与观察比较虽然是间接的,但它对学生表象量与质所起的特殊作用又是观察所不能替代的。

值得注意的是，作为语文的形象思维的表象，其质量的高下优劣是与学生语言水平相联系的。阅读对表象形成的另一个重要作用，是使学生不断地寻求到与表象相应的语言的标志。此外，对学生具有重大意义的不是形成怎样的形象，而是怎样把直观获得的感性特征跟确切选择出来的那个标志整个对象的词结合起来。记叙文和文学作品都是利用词来标志和展现形象特质的，阅读可以使学生学到大量的词汇，为形象的分析和综合及揭示形象最本质的东西提供必要的手段，而且可以从作者那里学到用词来标志和展示形象特质的经验。只有当学生头脑中的表象和词紧密地结合在一起，表象才可能转化为用词加以描述的具有客观意义的形象。同时，表象的培育还应当注意培养学生的记忆力，以保持大脑中表象的稳定性和持久性。

2.形象的分析与综合能力培育

形象的分析与综合的能力以及由此而派生的形象的比较、概括等能力，是形象思维中最基础的几项能力。对学生形象的分析和综合能力的培育，包括下述两项内容。

（1）对形象材料的分析和综合

基本要求是能够对表象材料进行分析、比较、选取、归类、组合，使表象材料能够服务于主题，并表现出材料之间的逻辑序列。例如，学生看到作文题目"我们的学习委员"，这时大脑中就会出现一系列有关学习委员平时表现的生动画面。他要先在思想上对这些表象材料进行分析、比较，然后再进行归类、组合，看这些材料具有怎样的性质和特点，能够表现怎样的主题。假定他确定的主题是表现学习委员全心全意为同学服务的精神，这时大脑中出现的表象便会相应地集中于主题要求的范围。通过对表象材料的再次分析和比较，凡不符合主题需要的被舍弃，凡符合主题需要的被保留。这是一个侧重于分析的思维过程，被选取的表象材料还需要进一步归类和组合，经过思维的综合使其系统化。这时，凡性质相同或相近的材料归入一类，各类材料都分别反映主题的一个方面；而每类内部及各类之间均呈现出一定的逻辑序列，共同组成一个多层次的、有序的结构系统。

（2）对形象特征的分析综合

基本要求是教学生在主题的特定要求下对表象进行一种定向的分析综合，使形象的特征更鲜明、更集中、更生动，而具有本质的概括性。具体而言，要在思维主题的控制下，通过分析、比较，滤除形象身上与主题无关或一般化的内容，保留能够强化主题、反映形象本质特征的内容。通过这样的思维加工过程，形象的本质特征得到显现，从而使形象富有一定的典型意义。

3. 联想能力的培育

在实际教学中，对学生联想能力的培育主要是结合再现性形象思维进行的。

联想的重要作用表现在它可以由一事物激起对其他种种相关事物的回忆，源源不断地调集有关的表象材料作为形象加工的内容。由此，联想也成为写作的一种重要方式，通过联想拓宽思维的广度。有不少记叙性的文章大段大段的内容都是作者联想的产物，尤其是散文，这一特点表现得更为突出。散文的写作特征是"形散神不散"，从写作思维上讲，正反映了这种既能够围绕着中心，又能够灵活发散、在更广阔的生活背景上开展联想的特点。联想，就其本质而言，是客观事物之间联系性在人的大脑中的反映。正因为客观事物之间存在着各种各样的联系，所以才会有接近关系、相似关系、对比关系、因果关系等方式的联想。因此，培养学生的联想能力，从根本意义上讲，应该让他们去深刻理解和认识客观事物之间的各种联系方式。如果能够掌握事物之间的联系方式，并且能够尽量形成相关事物的联系系统，那么在某一思维课题需要时就会由其中一事物迅速想起其他相关事物。

联想能力的培养应该与创造性思维的培养相结合，要特别注意加强对学生思维灵活性（发散性）的训练，使他们善于从本事物所具有的性质或特征出发，多方面、多角度地展开联想，并通过比较、分析去寻求和发现某一最贴切的他事物。

4. 回想能力的培育

回想能力的培育，应着重抓好以下两方面的工作。

第一，记忆品质，包括记忆的准确性、持久性和准备性，它是回想能力的基础。例如，记忆的准确性，是再现性形象思维达到"真"和"像"的基础和前提。另外，培养记忆的准确性，首先，要让学生在识记事物时必须仔细认真，以便在头脑中留下正确的、全面的、深刻的印象；其次，注意对同类事物进行比较，在相似之中把握差异，以提高识记的精确度并突出其特征；最后，要在理解的基础上识记，使所记的内容具有一定的深刻性。

第二，重视对回想的目的性和程序性的培养。回想的目的性，是指回想活动能够按照预先确定的目的或主题来进行。以形式自由、不拘一格的散文而言，思维的广阔性、发散性和灵活性，最终都必须收束于思维的目的性上来。回想的程序性，即回想过程能够保持正确的方向性、明确的层次性、条理性和合理的逻辑性。回想的目的性和程序性是内容得以合理展示并形成意象结构系统的保证。

在实际教学中，回想目的性和程序性的培养主要是结合作文教学来进行的。回想的目的性要求学生能够树立主题意识、能够通过分析和比较，对表象材料进行去粗取精、去伪存真的思维加工，选取那些能够反映主题的有意义的材料。回想的程序性要求学生能够从思维目的出发，按照一定的思维方向来思考问题并表现出一定的层次性，而思维的层次之间能够反映出事物的内在联系，使意象赖以展现的形式结构成为一个多侧面、多层次的，体现着严密的逻辑关系的完善系统。这就需要教师在阅读教学中重视思路教学。每教一篇课文，不仅要让学生知道这篇文章写了哪些内容，更重要的是要让学生懂得作者是怎样围绕中心展开思路的。只有这样，学生思维的目的性、程序性才能得到较好的指导和训练。

5.再造想象能力的培育

再造想象是阅读中再造性形象思维的核心因素，没有再造想象，对作品的感受和理解便无从谈起。以下着重就阅读过程谈谈再造想象能力的培育。

第一，教学生按照语言文字的示意进行想象，保持再造形象与作品形象的一致性。语言文字所表示的意义是想象过程中表象的选择、加工和组合的依据。因此，让学生正确地理解语言文字的意义，并按照这一意义进行想象，是保持再造形象和作品形象一致性的前提。作者对形象特征的描写，总是通过富有表现力的词语来实现。在阅读中，只有抓住这些富有表现力的词语进行想象，才能在想象中显现出形象的特征。因此，有经验的教师总是教学生抓住表现力强的词语进行想象和体会，以此来增强想象效果。

第二，教学生通过合理的想象补充和丰富形象的内容。在阅读中，如果仅凭语言文字所表述的意义进行对应式的想象，再现的内容便难以形成完整的形象，它还必须凭借人的经验对再现的内容进行合理的补充，这种补充主要表现在三个方面：第一，对形象非描述部分的补充。如"唧唧复唧唧，木兰当户织"（《木兰诗》），如果不由织布声想到织布机，便很难组成木兰织布的形象。第二，对情节非描述部分的补充。如"旦辞爷娘去，暮宿黄河边，不闻爷娘唤女声，但闻黄河流水鸣溅溅"（《木兰诗》），情节的跳跃性很大，也需要有适当的内容来补充。第三，对作者形象的补充。如王之涣的《登鹳雀楼》、曹操的《观沧海》、李清照的《如梦令》等诗词作品，无不暗含着作者的形象，也需要做必要的补充。补充的内容在想象中虽然具有相对的黯淡性，或者带有某种背景衬托的性质，然而正因为有了这种必要的、合理的补充，想象中的形象才会更丰满，情节才会更完整。因此，教师应该引导学生将语言文字所提供的材料与自己的经验材料相融合，产生更符合作品要求也更符合生活实际的新形象。

6. 创造想象能力的培育

想象的思维价值在于它的创造性。然而想象的创造性并不是凭空臆造的，它必须依赖于现实性并接受现实性的检验。想象是创造性和现实性的统一。同时，想象作为表象思维的过程，它是具体的，然而这种具体性又必须充分反映出形象的概括性，否则，想象的形象便失去了它应有的理性意义。可见，想象又是具体性和概括性的统一。因此，想象的创造性、现实性和概括性是衡量学生想象能力发展的重要标志。培养创造想象能力要注意以下方面。

第一，不断扩大学生的生活领域和知识领域，丰富想象的内容，提高想象的现实性。想象根植于丰富的生活经验和知识经验，失去了生活经验和知识经验的支持，想象只能成为空洞的想象。

第二，教学生逐步学会典型的方法，提高想象的创造性和概括性。典型化是文学创作中创造典型形象的过程，即通过艺术的体验和分析，把生活中最有意义的东西概括起来，并表现在个别的、具体的、富有美感的形象中。文学创作的典型化，在思维的意义上也就是想象的典型化，即在想象中对记忆表象进行加工改造，形成具有一定理性意义的新形象的过程。想象的典型化，或想象的加工改造，又具体表现为想象的分析和综合过程。分析，就是在思想上按照某种主观意图把有关的记忆表象进行分解的过程；综合，就是在思想上按照某种主观意图对分解的表象进行比较、选择和重组的过程。所以，想象的分析和综合的过程与回想的分析和综合的过程有着实质的不同，它最后得到的是脱胎于记忆表象而又不同于原先表象的崭新形象。

想象的创造性和想象的概括性，都与想象的分析和综合相联系。所谓创造性，也就是通过想象的分析和综合所得形象达到的新颖程度。所谓概括性，也就是通过想象的分析和综合所得形象对同类事物一般特征达到的概括程度。一个人想象的分析、综合能力越强，所得形象的创造性和概括性也就越高。学生想象力的发展，正是随着想象的分析、综合能力的不断提高，才由最初简单的表象，复制或再现性质的想象，逐步过渡到复杂的表象创造性改造性质的真正意义的想象。所以，提高学生想象的创造性和概括性，关键在于提高他们想象的分析和综合能力。想象典型化的过程，又是受思维主体审美观的支配的。想象典型化的心理指向，实际上就是思维主体审美理想的反映；想象典型化所得的形象（意象），正是思维主体审美理想的具体实现。因此，创造想象的培育，应当十分重视正确的审美观尤其是正确的审美理想的培育。

第三，活跃学生的文学写作活动，在写作实践中发展创造想象的能力。培养学生创造想象或创造性形象思维的能力，最重要的途径就是教他们学习文学性的写作。因此，为了发展学生创造想象的能力，让学生进行文学性的写作不仅是必要的，而且是可能的，语文课应该因势利导做好这方面的工作。

形象思维活动始终伴随着情感活动，情感是形象思维活动的动力。在培养形象思维的过程中，同样要注意激发培养学生积极的情感，发挥"非智力因素"的作用。

第四章　语文教学中美育的多元化探究

开展美育对于实施素质教育具有重要意义，审美教育包括了情感教育、灵魂教育，是最重要、最根本的世界观、人生观、价值观教育，并集合了传统文化内涵和社会特质的美育，引领学习者树立顺应时代进步的核心价值观，并培育与之匹配的文化追寻，以此激发青年成长的潜质和动力。本章重点论述诗歌教学中的美育，话剧、小说教学中的美育，散文教学中的美育，融入生活的美育。

第一节　诗歌教学中的美育

美可养德，美可启智，美可陶情，美可健体。积极开展美育，对于全面提高青少年学生的综合素质具有重要意义。诗歌教学是语文教学的一项重要内容，诗歌美育也是美育的一个重要组成部分。

一、诗歌教学中的美育资源

诗歌是人类最早出现的文学样式，也是文学皇冠上的明珠。不仅如此，黑格尔还认为它是艺术的最高形式。因此，人类创作的诗海是一座巨大的美的宝库，其中有数不清的珍珠、贝壳、珊瑚……具体而言，诗歌的美表现在以下方面。[①]

第一，语言美。文学是语言的艺术，诗歌语言是语言美的最高典范。诗歌语言美主要表现在凝练、生动、形象、含蓄委婉、多义性和音韵美等方面。诗歌必须借助形象思维，诗人的思想感情必须借助形象来表达，而不能赤裸裸地表白，因而其形象性无须多说。诗歌语言的含蓄委婉及多义性，一方面

---

① 吴长宝. 浅谈诗歌教学中的审美教育 [J]. 湖州师范学院学报，2009，31（05）：133-136.

是形象思维的直接产物；另一方面更是诗人运用诸如象征、暗示、双关、比拟等手法的结果。最早的诗歌是合乐的、可以用来歌唱的，后来诗与乐虽然分了家，但其音乐性仍很突出，它富于节奏、韵律之美。诗人采用分行、押韵、调平仄、重章叠唱、叠字叠词、顶真等方式来增强诗歌的音乐性。这点自不消说。

第二，绘画美。优秀诗人写诗都力求使自己的作品富于诗情画意。如杜甫的《绝句四首》（之一）："两个黄鹂鸣翠柳，一行白鹭上青天。窗含西岭千秋雪，门泊东吴万里船。"该诗论色彩可谓五彩缤纷，论景物状态又做到动静结合，而且画面极其开阔，让人神驰万里。又如张志和的《渔歌子》："西塞山前白鹭飞，桃花流水鳜鱼肥。青箬笠，绿蓑衣，斜风细雨不须归。"该词色彩同样绚丽缤纷，画面立体感也很强，所不同的是侧重于写动态景物。此二例都是诗情画意高度结合的典范，让读者赏心悦目。

第三，建筑美。现代诗人闻一多主张诗歌要有"三美"，即音乐美、绘画美和建筑美，并努力在创作中加以实践。他的《死水》一诗被称作是标准的新格律诗，诗节匀称，诗行整齐。我国古代诗歌更不用说，大都句式整齐，而且常用对偶句。整齐对称是诗歌建筑美的基本表现。

第四，意境美。所谓意境，一般是指文艺作品所描绘的生活图景与作者所要表达的思想感情融合一致而形成的一种艺术境界。意境在诗歌中表现得尤为突出，意境美是诗歌美的极致。读者要想领略到意境美，就要充分调动想象力，准确解读诗中的意象，还要入得诗去，与诗人产生感情共鸣。例如，李白的《送孟浩然之广陵》一诗，诗人要表达的是他与孟浩然的深厚友情，这种深厚友情在诗人笔下自然地融化在"孤帆远影碧空尽，唯见长江天际流"之句所描绘的图景中：诗人目送孤帆远去，直至消失在遥远的天际，那绵绵的友情啊，就像那浩荡的长江日夜奔流。这种优美深远的意境令读者如嚼橄榄，回味无穷。

第五，人格情操美。优秀的诗人大都有比较高尚的人格情操，这在他们的作品中都得到了有力的表现。屈原的上下求索、饮露餐英，杜甫的推己及人、胸怀天下，陆游的临终示儿、咏梅自况，文天祥的"人生自古谁无死，留取丹心照汗青",唐代诗人杨敬之的"平生不解藏人善,到处逢人说项斯"……这些行为或行动要么表现了其人执着的爱国情怀,要么表现了其人的高洁品格,要么表现了其人的坚定气节。这些诗人的高尚人格情操将对青少年学生起到潜移默化的移情作用。

第六,哲理美。虽说诗歌主抒情言志,但哲理诗为数却也不少,包含哲理的抒情诗就更多。例如苏轼的《题西林壁》:"横看成岭侧成峰,远近高低各不同。不识庐山真面目,只缘身在此山中。"形象地道出了这样的哲理:若想认识事物的真实面目,就得保持一定的距离,从不同的角度加以观察。

第七,风格美。我国古代诗歌,就流派而言,有现实主义和浪漫主义之分,豪放与婉约之别;就时代而言,有所谓的"汉魏风骨""盛唐气象""元诗纤巧"等说法;就个人风格而言,有陶渊明的淡泊,有李白的雄奇飘逸,有杜甫的沉郁顿挫,有李商隐的富丽精工和含蓄蕴藉,有温庭筠的绮靡,有所谓的"郊(孟郊)寒岛(贾岛)瘦",如此等,不一而足。走进我国诗歌的历史长廊,犹如走进诗歌的百花园,异彩纷呈,美不胜收。

二、诗歌美育的开展途径与方法

诗歌美育的开展途径与方法有以下几种。

第一,朗读吟诵法。我国古人十分重视朗读吟诵法,它既是诗文教学的基本方法,也是诗文鉴赏的基本方法。因而开展诗歌美育,仍须充分利用这种传统方法。通过反复诵读,可以充分感受诗歌的语言美、音韵美,其他诸如绘画美、意境美等也可有不同程度的感受。纵观古今中外,适合朗诵的诗篇举不胜举,这些诗篇都是文质兼美、感情浓烈、音乐性很强的典范之作,非常适合朗诵。

第二,联想想象法。如果说感情是作为诗的生命从而体现诗的本质,那么想象则作为诗的翅膀赋予诗的生命以运动的形式。诗人缺乏想象,诗思便无法灵动飞翔;读者缺乏想象(再造想象),鉴赏只能停留在感知的初级阶段。例如,唐代贺知章在《咏柳》一诗中连用了三个比喻,把柳树比作一块温润的"碧玉"，把柳条比作"绿丝绦"，把春风比作"剪刀"。前两个比喻靠的是相似联想，最后一个比喻则主要靠的是合理的想象。读者在欣赏这一首诗时，如果缺乏联想和想象能力，便无法感受到诗人笔下春柳的青翠、婀娜和可爱，便无法体会到诗人喜爱春天的感情，更无法品味到此诗的妙处（想象的新奇），从而也就无法获得审美愉悦。另外，诗歌语言的跳跃性也要求读者充分发挥想象力，把诗中省略的对有关过程的叙述补足，才能完成对诗歌的解读和鉴赏。另外，在诗歌教学中很重视培养学生的联想和想象力，调动学生的生活经验，启发诱导学生做合理的想象，把诗歌语言还原为生动鲜活的具体形象，进而去感受诗歌的诗情画意，去领略情景交融所产生的意境美。

第三，情境创设法。心理学研究表明，美的事物在接受审美主体观看之前常常能够激发审美主体的审美期待。诗歌是美的化身，自然能够激起学生的审美期待，这种审美期待正是教师实施诗歌美育的最佳契机。教师可以采用适当的办法，营造与所要讲授的诗篇相近的情境气氛，将学生的审美期待转化为审美注意。值得注意的是，在讲授前精心设计充满激情的导语，以此先让学生受到一定程度的感染，将学生带入课文情境。充分利用多媒体等现代化教学手段，从网上下载或自制一些与课文情境相近的视频音频资料或图片，在讲授前先播放给学生看，给学生以直观形象的刺激，便于让学生尽快进入诗歌的情境。不过，现代化技术手段用得过多，也有可能造成学生思维的惰性，不利于想象力的培养。

第四，比较鉴赏法。例如，在苏轼的《念奴娇·赤壁怀古》和柳永的《雨霖铃》两首宋词中，就可以从题材、语言、情感、意境、格律等方面对二者进行比较，让学生了解豪放词与婉约词两种不同风格的词各自的美。在讲授杜甫的《蜀相》这一首七言律诗时，为了让学生体会出颔联"映阶碧草自春色，隔叶黄鹂空好音"中两个虚词"自""空"所传递出来的神韵，采用"置换比较法"，把"自""空"二字分别替换成"呈"和"弄"，然后再比较这两组词的表达效果："映阶碧草呈春色，隔叶黄鹂弄好音"只是纯粹的写景句子，看不出诗人明显的主观感情；而"映阶碧草自春色，隔叶黄鹂空好音"则能传递出这样的言外之意——草色青青，莺声清脆婉转，却无人欣赏，形同虚设，如此则诸葛亮祠堂的荒凉可以想见，诗人的惋惜不平之情呼之欲出。"自""空"虽是虚词，却做到了虚词不虚。经过这么一比较，诗中虚词运用之妙就能被学生体味到了。

第五，课后实践法。例如，让学生在上完诗歌课后尝试写作有关的诗歌赏析或评论，指导他们从思想内容、表现手法，以及语言美、音韵美、绘画美、意境美等几个方面去着手评析。也常配合校团委组织一些活动，如组织学生参加诗歌朗诵比赛，让学生进一步从诗歌朗诵中获得审美愉悦，并体验比赛成功的乐趣；或者组织学生春游或秋游，让学生置身于大自然的怀抱，一面感受自然美，一面引用古诗来描摹眼前的风景。

综上所述，学校美育有四个基本要素，即教师、学生、美育资源和美育方法。挖掘出了诗歌中蕴藏着的丰富的美育资源，找到了开展诗歌美育的适当方法，教师还须具备良好的诗歌教学能力和一定的美学素养，并充分调动学生参与诗歌美育活动的积极性，只有这样诗歌美育才能顺利开展并取得预期的效果，学生发现、感受、鉴赏和创造诗美的能力才能得以提高。另外，在教师的诗歌教学能力中，良好的朗诵能力、丰富的想象力和充沛的感情对于教师开展诗歌美育是非常重要的。

三、诗歌教学中的美育实践

诗词的本质是抒情，因此在诗歌教学的过程中最重要的使命就是让学生充分领悟诗歌情感，让诗歌传递出的情绪敲击学生的心灵，二者产生共鸣，让学生在诗歌的学习中，逐渐地感知美、欣赏美，最终形成创造美的能力。[①]

（一）调动学生去发现诗歌之美

对于中职生而言，部分学生在爱情观方面存在偏差。例如，在讲解《致橡树》这首诗歌时，引导学生去发现独立平等的爱情，帮助学生树立正确的爱情观。另外，通过这样的教学方式，既引入了经典文学作品，又引入了时

---

① 孟庆莉. 中职语文美育实践策略研究 [D]. 天津师范大学，2020.

代人物，通过这些内容的拓展加深学生对诗歌内容的理解与感悟，从而真正触动学生的心灵，启发引导学生去发现诗词之美、情感之美。

（二）指引学生去品鉴诗歌之美

在课文诗歌讲解的基础上，例如模仿电视节目，让同学自由组合，每组4～5人，选取自己喜欢的古诗词配乐演唱，同时每组出一名同学结合 PPT 或自制微课视频对这首诗进行分析。把语文课与学生的专业技能相结合，促进语文课与专业课对接，提高学生的审美素养。

在这个过程中学生去搜集大量资料、组织语言、连贯思路、制作 PPT、排练演唱等，激发了学生自主学习的愿望，真正让学生成为课堂的主人，同时又增强了学生的合作意识，提升了学生的自信心，使学生在传统文化潜移默化的浸润下增强了文化自信、提升了审美能力。

第二节　话剧、小说教学中的美育

一、教学模式的革新

在讲授话剧的过程中以参与体验式的教学模式为主，以鼓励学生学习语文的主动性，激发学生的学习兴趣，让学生真正参与到教学过程中，且成为学习的主体。在授课中注重学生的情感熏陶和精神成长，充分调动学生的审美素养和创造能力。[①]

下面以老舍的《茶馆》第二幕为例，先在班里自愿报名，确定导演、道具、服装、化妆、背景制作、演员角色等分工，在班里观看人艺版的《茶馆》全剧，阅读话剧《茶馆》全文，将视频影像和文学作品有机结合起来，让学生了解时代背景及人物定位。然后开始背台词、排练，并根据学生实际情况对台词进行微调。再把排练的过程用手机录成视频，放到班级电脑上观看，

---

① 孟庆莉. 中职语文美育实践策略研究 [D]. 天津师范大学，2020：23-26.

大家一起评说人物性格与演员需改进的地方，再反复排练。

二、学科融合提升学生素养

学校是知识传播与教育创新的重要阵地，其学科融合模式打破传统学科的壁垒和界限，使课程资源、课程要素和环境整体化产生聚焦效应，促进了教学方式、学习方式的根本变革，实现了学生多样的学习体验和丰富的学习经历。转变思想观念，积极探索多学科交叉融合的有效途径，全面提升学校创新能力，从根本上提升学生综合素养，这也充分体现并达到了《中等职业学校语文教学大纲》中的基本要求。

所以在课程设计中运用"解构再建构"的指导理论，给予学生充足的时间去整理收集资料，让学生对知识有整体的、感性的认识。然后让学生在一堆没有经过整理的杂乱的数据中找出规则，做成系统，成为一种模式。

例如，在设计曹禺先生的《雷雨》这一课时，天津地区的教师就可以充分利用当地有利的文化资源，并且与美术老师、计算机老师、电子商务老师共同合作，实现学科融合，提升学生能力。

（1）曹禺的故居就在意式风情区附近，教师可以带领学生走进意式风情区，了解大的时代背景，在游览中，学生可以根据自己的爱好和能力或摄影，或绘画，或写美文，对其有整体的直观感受。

（2）回校上网搜集资料，查找曹禺的相关信息，对其有大致了解。然后带领学生参观曹禺故居，对其人其事有更直观深入的了解，从而更好地"知人论世"。

（3）各个小组把《雷雨》以话剧的形式再现舞台，让学生在背剧本，揣摩人物思想、动作和性格中对文本有更深层次的理解。从服装造型、舞台设计到语态动作尽量还原 20 世纪 30 年代社会原貌，让学生理解时代背景下人物的命运。

（4）每小组选择一名在意式风情区游览过程中发现并喜欢的名人，如李叔同、曹禺等，以其生活经历为背景，创作剧本并角色扮演，将其搬上舞台，锻炼了学生的创作能力。在创作过程中不断加深对时代背景和人物的了解，激发学生的想象力和创造力，提高学生的写作水平，在不知不觉中对学生进行美育熏陶。

（5）把之前摄影及绘画作品利用电脑软件做成明信片的格式，让学生把其送给外地的游客并给他们讲述名人们的经历，做志愿导游。

这次活动设计主要遵循"解构再建构"的原则，由浅入深，层层深入。从中职学生的实际水平出发，利用中职学校多专业多学科的优势，打破学科限制，学科间相互渗透，有效整合资源。同时把课堂内的教与学与课外实践结合起来，真正让学生动起来，学习的自主性充分发挥，将所学知识与生活经验相结合，在活动中促进学生对所学知识的理解与建构，通过亲身感知、感悟，提升学生在实践中应对问题的能力，以提高学生的审美水平和审美能力。

三、让学生成为课堂的主体

作为职校的语文教师，要努力改变传统的传统课堂教学模式，引导学生学会思考和质疑，教师要从"教"变成"导"，引导学生运用"自主、合作、探究"式的学习方法，鼓励学生在思考的基础上发现问题、分析问题、解决问题。在语文课上，真正实现学生、老师、文本三者之间的平等对话，从而使学生真正由"学会"向"会学"转化，这样的教学才能起到事半功倍的效果。

另外，要结合学生的生活实际来讲授引导，没有强硬地灌输知识，而是让学生通过体悟文本和人物感情，拓宽故事的维度，启发学生思考，引领学生成长。让学生懂得做人的道理，关注学生生命的成长，达到培养人的目的。

第三节 散文教学中的美育

散文是美文，是抒情性文体，具有"文质兼美"的特点——语言美、结构美、意境美、思想美、情感美；以情动人、以情感人，具有人文性的特点。散文中有优秀典范的语言、可传承的优秀文化、真挚动人的情感体悟。阅读散文，增长了学生的阅历、开阔了学生的眼界、了解了人生百态。阅读散文，让学生与作者跨越时空对话、交流情感、体味人生。阅读散文，感受语言所带来的美感，品味语言的魅力；感受人世间的真善美，增加人生的底蕴。教师要充分发挥语文课程熏陶感染、潜移默化的功能。要尊重学生的感受与情感体验，同时要重视情感态度与价值观的正确引导。将这些审美经验累积起来不断进行思考，在发现美、感知美、鉴赏美中创造美。重视现当代散文的审美价值，借助这一语言载体，和学生一起遨游在文学审美教育的殿堂。

一、朗读与写作一体化

散文能让学生受到美的熏陶和情感的浸润，在散文教学中让学生获得审美感知最主要的方式就是朗读。课本里的散文一定要让学生在课前至少读五遍，以获得初步的感受；课堂里教师在文本朗读过程中情感充沛，将文中蕴藏的作者的情感再现出来，激发学生的情感共鸣；结合教师的课堂分析，学生在课后也要朗读，达到"书读百遍，而义自见"的效果。结合课内选文，学生的阅读面一定要扩大，如学梁实秋先生的《雅舍》时课后朗读《雅舍小品》，学朱自清先生的《荷塘月色》时课后阅读散文集《背影》等，系统化阅读，感受作者的写作风格，加深读者的审美体悟。

在大量阅读的基础上，中职生结合自己的生活经历、独特的审美体验和感受进行审美创造。在写作时字斟句酌，将情感浸透在文字中，锻炼了语文表达能力。精心安排行文思路，巧妙构思，让文章"形散而神聚"。寓情于文，将情感灌注在文本中，富于感染力。而这时老师要勇于肯定，积极鼓励，把优秀学生作品放到学校的公众号或校报里，并进行宣传推广，激发学生的自豪感和自信心，同时也会激励其他同学积极进行创造。

二、深挖作品的内蕴

如果散文中所描述的时代背景、生活经历、情感体验，与学生的感受有相似性，那么在阅读时学生就很容易联想到自己从而走进文本，被文中所描绘的人、事、景、情所感动，成为课文中的一个角色，与作者产生心灵的共鸣。但有的散文距离我们生活的时代、人生的境遇、生活的经历比较遥远，学生和文本之间是有隔阂的，学生会觉得文本所传递出来的情感很生疏，这就需要语文老师在教授的过程中，加强课文所表达的情感与学生的心灵之间的联系。如果走不进作者的心灵，就永远无法体会文章之美，而引导学生品味和体悟就是走进作者心灵的路径。

此外，要引导学生去发现文本之美、精神之美，提升学生的审美素养。在朗读的过程中，教师应当指导学生朗读的方法，注意文中的抑扬顿挫，因声求气，通过文章语言的节奏变化，能够唤起学生的审美直觉，使他们能够逐步感受到文中作者的喜怒哀乐。

第四节　融入生活的美育

语文教育要联系社会实际，联系学生生活实际。教育即生活，学习是为了生活，教育不应仅停留在对书本知识的输运上，教学应把知识连接到生活和应用层面，不要将真实的生活环境与学生的学习相剥离。学习是为了让学生更好地立足社会，服务社会。

一、开展社团活动

社团活动既锻炼了学生的胆量，达到了展示自我的作用，又促进个性发展，助益学生成长。结合《中等职业学校语文教学大纲》中的关于阅读、作品欣赏及口语表达与口语交际的相关要求，班级里组建阅读社团，在班级里建立图书角，大家一起阅读中外名著，读完后坐在一起交流思想，写读后感，锻炼语言表达能力和写作能力。建立朗诵社团，聘请语文老师和专业的舞蹈老师为指导教师，把朗诵的经典作品与舞蹈动作融合起来，使学生得到美的享受，心灵得到熏陶。建立口语交际社团，针对计算机专业的学生，每次社团课让每个学生制作一个小视频，然后向同学们介绍自己的作品，要求介绍设计意图、制作过程、使用的软件、软件的功能等，语言要做到准确、简洁、生动。在口语训练中教师结合专业特色，既提高学生的语言表达能力，又加强学生的专业技能，让学生在活动中认识到，语文学习能够促进专业课的学习。

二、引导创新精神

举办班级红歌比赛，选取《少年中国说》《国家》这样既有文学特色，又融入时代特征的歌曲，借助这种形式让爱国主义教育慢慢浸润学生的心灵。每年的 3 月 5 日学雷锋日，可以让学生参加去公交车站搞卫生、去敬老院看望孤寡老人、去社区做环卫等爱心活动，让学生感受助人为乐的幸福感。

语文美育实践活动要把课堂教学和课外实践活动紧密结合，中职学校每周只有 4 节语文课，课堂教学的时间是很紧张的，为了提升学生的审美能力，这就要求教师要创设高效的提升学生审美水平的课堂，创设审美情境、丰富教学形态、深化文本理解、引导审美创造，通过师生的共同努力，将审美的教学内容与审美的教学方法融为一体，不仅使教的活动成为审美对象，而且使学的过程也具有了审美品位，具有美的风格，真正还课堂于学生。而中职生的课外时间是非常充盈的，他们有充裕的时间进行课外美育实践活动，这就要求教师要充分调动他们的积极性，指导他们参与到课外的美育实践活动中,通过活动的参与,通过切身的体悟,提高中职生发现美、感受美、欣赏美、体会美、创造美的能力,提升他们的审美素养和审美情趣。

总而言之,语文是跟学生的个人成长、精神发展贴得最近的一门学科,语文课所学的内容和学生的成长是一种共生的关系。在美育实践的过程中,教师要努力挖掘课本中蕴含的各种美的元素,以美育的眼光去分析并吃透教材,以更好地处理教学内容,找到适合中职生审美水平的教学方法。引导激励学生通过自己的努力去发现美、欣赏美、品鉴美,用自己的思维去表现美,用自己的行动去创造美,从而能净化学生的心灵、陶冶学生的情感、升华学生的思想,这样既创造了富有魅力的审美的语文课堂,又培养了一个个具有高尚心灵、美好情操的中职学生。

第五章　语文教学中美育的渗透实践

随着新课改进程的不断推进，语文教学形势也随之发生了比较大的变化，然而，部分语文教师在进行课堂知识教学的过程中，所采用的教学方法依旧比较单一，对学生的学习兴趣以及语文美育作用的发挥都造成了影响。因此，要想在语文教学中有效完成美育的渗透，语文教师必须进行教学观念以及教学模式的优化创新，这样才可以为语文课堂教学质量提升以及学生的全面发展提供更有力的支持和保障。

第一节　语文教学中审美教育实施

一、语文教学中审美教育实施的必要性

（一）时代对语文教育的要求

随着时代的进步和发展，我国就业市场上有专业技术人才的工人处于紧缺状态，但由于我国的客观历史，重视教育的发展而忽略了中等职业教育及高等职业教育的发展，我国大部分企业技术型工人短缺，特别是拥有高级职称和专业技术的特殊人才较为缺乏。与国外相比，达不到国外水平的十分之一。随着我国经济的腾飞及企业的发展，人才的缺乏已经成为一个影响我国进一步发展的重要因素，导致许多行业止步不前，科学技术无法做到更新换代，长此以往不利于我国工业体系的快速发展。面对这一问题，国内学者纷纷提议政府和国家，要求大力发展职业教育以改善目前的状态，在不久前发布的《国家中长期规划发展纲要》中明确提出大力发展职业教育，而且要求各地各政府坚决执行，以缓解目前职业技能人才的不足的问题，而且要扩大高等职业教育的规模，并提高其师资力量投入。目前由于我国经济的高速发

展，全球经济一体化的进程加快，许多国外企业来华设立工厂，投资高新技术企业，这些领域的发展对于我国而言是一个难得的机会，同时可以提供数以千计的就业岗位；而且我国由原来劳动密集型社会向高新技术型社会的跨越，社会对人才的需求日趋旺盛，并且需要的都是高素质人才，对劳动的需求不再是单一的手工劳动者，而是掌握专业技术的高技能型人才，这样就对技术人才提出了高要求多样化，并且也是一种审美的要求。

随着经济的发展，社会财富不断积累也为教育的发展提供了充足的保障，可以有充足的资金进行教育改革，设立更多的专业以满足社会发展的需求。以往的学校教学往往局限于教室之中，然而单纯的教师讲解已经不能满足学生的需求和目前日新月异的技术发展要求，多媒体和模拟教学技术的快速发展和设备的不断研发，对教学产生了难以估量的影响。量变引起质变，学生的学习方式也会产生变革。目前社会越来越注重民主制度的建设，在这种认识的不断强化下，对人的个性发展也就变得越来越重要，学习不仅是为了应对考试，更多的是要以人为本，应该更好地促进人的发展。①

（二）学科性质必备的教学内容

语文学科最大的特征就是将工具性与人文性进行了高度的统一，同时，审美教育的实行是将这两种不同性质的特性融为一体的重要体现。

对于语文学科建设而言，人文的教育应该是放在第一位的。语文教学不同于其他学科，语文是一门通过语言来教育人、提高人的思想素养的学科。在语文教学教材中，选择的任何一篇文章都是人类思想的精华，其中富含着丰富的人生哲理，体现着人生的不同哲理、人文的含义及人类的文化。在人类漫长的文明进展史中，逐渐丰富了人文的内涵，人文的教育不单是经常进行的思想品德教育，而是应该发展学生的各个方面的潜能，健全人格，培养一种良好的心理适应能力。同时，这些不仅是过去的教学要求，也是现代学生所必需的技能。通过以上分析，语文教学对语文教师提出了更高的要求，即以人为本，以人的需要作为一切教学活动的前提。

① 华鸣亚. 审美教育的特性及其在中职语文教学中的实施 [D]. 上海：上海师范大学，2012.

语文作为一门基础学科，有其特殊性，是人们表达自己感情和思想的重要工具和载体。语文作为一门语言的学科，其载体作用正是依附于语言而产生的，语言是人们之间互相了解、互相沟通的最有力的载体，同时语言的载体重要作用还表现在对人的思想活动的影响，正是因为有了语言，人类才有可能通过语言来表达自己的观点、看法，进行许多活动。因此，语言作为一种载体对人有非常重要的作用，掌握好这个工具对于人自身的发展具有非常深远的意义。

就目前中等职业教育的现状而言，学生语文学习时间普遍较短，注重的是对技术的培训来掌握实践技能，学生毕业后直接参加工作。所以对于这些学生而言，考试成绩和名称并不是最重要的，最重要的应该是让学生通过语文学习掌握语言这个工具，教师的任务则是通过教学及对语文课的讲解，使学生认识到语言的重要性，进而在将来的工作中将这种思维应用到解决问题之中，使语文成为一门有用的工具。

（三）相关专业的渗透

1. 学生专业的不同

中职教育学校的办学目的是培养学生的实践能力，为社会输送合格的技术型人才，因此学校的教育与市场密切相关，设置的专业一般也是市场紧缺专业，如我国现在的学校就有计算机、电子工程等十几个专业，但共同的特点是都开设了语文课程，但每个专业的课程设计不同、课时不同，有的专业所用的教材甚至不同。例如，有的专业语文的学习只有一个学期的时间，而有的专业却要上满四个学期，教学时间大相径庭。而且语文教师较少，对语文教学的实施是一个非常不利的条件。语文教师在备课时不仅需要准备一个专业的课程，有时甚至需要准备三个以上专业的课程。由于专业不同，对语文教学的学习要求也不同，不仅要注意语文知识的课本和大纲的学习，还要结合不同的专业来进一步安排教学工作，进行针对性及个性化教学，因此如果教师不进行审美教育，那么语文教学实行起来非常困难。

2. 语文课程设置

在中等职业教育中，相对于其他专业学科，语文归属于基础公共课程。由于专业的不同，教师还承担着其他语言类课程的教授，如一些文秘类、财经类课程。由于对语文教学的认识不足，学校随意调整语文课程的设置，给教师的教学内容带来较大的困扰。因此，提高备课效率，让学生能够真正从语文教学中受益，就必须重视审美教育的应用，开展审美教育。

3. 语文评价方式

在中职教育学校中，对于语文教学的评价缺乏统一的标准，各个专业均有所不同。例如，在一些专业中，将语文列入公共课程必考课，计入学分，与学生最后的毕业成绩挂钩；但有的专业如机械工程专业却将其列入考查课的范围，严重地影响了对语文教学的统一评价，不利于语文教学的顺利开展，同时也不利于语文教师积极性的提高。

（四）体现教师风格的需要

教师是一个独立的个体，有其自我的价值评判标准。教师上课的过程是一个自我价值的实现过程，是一种得到他人肯定的过程。教师上课的过程也是一个展示自我的过程，可以将教师自身的知识水平、思维过程展现给学生，同时在学生的肯定中，实现自我价值的肯定。只有这样才能形成良性循环。但是由于有些学校对语文教学不重视，对教师教学不肯定，使教师无法实现自我价值的肯定，因此对语文教学毫无兴趣可言，呈现给学生的是一种慵懒的、毫无进取心的状态。在审美教育看来，这也是一种审美的需要，只有在教学中应用审美教育，才能够达到展现教师风采的作用。

（五）适应学生特点的需要

在我国，虽然近年来中职教育得到了长足的发展，但仍然存在一些问题。我国的教育体系以高中教育为主，人们普遍接受的也是正规高中教育，而中等职业教育未受到足够的重视，因此造成了我国中职学校的生源问题。一方面，由于过早地参加职业技能的培训，加入社会工作，学生的生理虽然已经发育尚可，但是其心理上却还远远未成熟，对事情的认知上，既渴望能够独立的生活，又不能够脱离父母的关心。同时，作为一名中等职业技术学院的学生，心理上认为自己和其他的高中学生有较大的差距，得不到对自己价值的认同，而中职学生普遍都有较强的自尊心。另一方面，由于中职教育的特殊性，其更侧重的是对技能的培训，经过一段时间的培训，即可参加工作进入工厂、企业等。如果不继续升学，中职也许就是学生最后的学校时光。因此教师更应该做好语文教学工作，认真分析所在学校孩子的心理问题，将其融入语文教学中。利用语言这个载体，将一些心理学的知识潜移默化地教授给学生，让他们认识到自己的不足，同时可以利用所学到的知识来完善自己，改变自己不正确的想法。另外，对中职学生的语文教学应当进行个性化的教学，因为人与人之间各不相同。每个学生都有自己的个性，差异是肯定存在的，只有在承认差异的前提下才能够消除差异，这也就要求语文教师实行审美教育教学，让学生认识到这些问题，从而促进学生更好地发展。

二、语文教学中实施审美教育的理论分析

（一）个性与审美教育

审美教育是一项非常重要的教育，国内外学者对其进行深入的研究，马克思主义关于人的全面发展学说有助于人们正确认识美育的自由发展，教育是社会中每个人按自己想法发展的必要条件。审美教育重视的是作为一个独立个体的人的发展，其强调的是位于社会中独立的个人，人的个性展示为信念，其基本价值在于：满足和提高人的审美需求，提高人的精神能力，使人的审美生活成为可能。它的价值取向首先在于人自身，在于人的生存发展的充分可能与完满。在此意义上说，美育与人的全面发展理想在根本上是一致的。

1. 塑造是素质教育的核心

随着社会发展，教育理论也在慢慢地发展，当今社会对教育的要求不仅仅是重视其智能水平的开发，更重要的是注重其与众不同的个性。纵观世界各地，随着世界各国教育事业的发展，都已经不再将学生的智力水平作为衡量教育成功的唯一标准，而更加重视的是个人人格的完善及发展，这也是当

前教育体制改革下的发展趋势，也是我国教育体系要面临的一个重要的课题项目。国际上已经非常重视这个趋势的发展，在国际著名的由联合国教科文组织主办的教育讨论会上，来自世界各国的专家各抒己见，一致认为应该将美德和道德放到第一位。人格的健全才是教育成功的一个重要标志，是当前合格人才的一个最主要的特征。随着我国经济和社会的发展，所需要的专业技术人才也越来越多，而中等职业教育正是完成这一使命的最佳选择。中职教育培养周期短，成本投入不高。因此，中等职业技术学校是一个最佳的选择，既可以让学生学习专业知识，又可以通过文化课的学习学到相应的文化知识。但是中等职业教育在我国却没有得到足够的重视，一个学校要想有长远的发展，必须先有好的生源，没有学生就无法开展教育。但是由于我国大众普遍轻视职业教育，我国报考中等职业技术学院人数减少，且学生素质不高。由于中等职业教育对学生的管理相对较松，学生容易受到外来因素的影响。因此对于中等职业教育而言，必须制订中长期发展规划。为学校长远发展考虑，如何培养学生成为一个心理健全、对社会有利的人将是一个亟待解决的问题。

2. 人格塑造是语文教育的责任

随着我国社会的发展，经济进步过程中出现了各种问题，并且人与人之间的关系越来越紧张，各种利益之争也导致了人际关系的复杂化，在这种思想影响下，人际关系开始变得以利益当先，同时人与人之间的信任也出现了危机，这一切必将影响人与人之间的关系。长期的精神压力会引起人心里的压抑，甚至导致心理疾病的出现，如抑郁症、焦虑症等。社会中之所以会出现这种情况，审美教育的缺失是非常重要的原因。

审美教育是一种告知人们如何去发现美、探索美的教育，如何让自己的行动更加符合社会的需求，并且指导人的行为，使其向好的一面发展。同时，审美教育可以协调人际关系，使人们之间的关系变得融洽，变得易于相处，这样将更加有利于促进社会和谐。审美教育能够把美的价值和人的价值统一起来，以发展人的全面的潜能为目的，旨在培养全面发展的人才。

由此可知，审美教育是使一个人获得自我实现、人格健全的必要途径。从古至今，许多伟人、名人都对审美教育较为重视，从各种诗词文章中就可以看出对审美教育的支持。随着社会的进步和发展，审美教育业变得越来越重要，当今社会的发展要求人与人之间合作，但是由于一些事件的产生，人们之间产生了信任危机，如今国家和社会已经认识到这一问题并积极探究解决途径。审美教育此时被提高到一个前所未有的高度，通过对人进行审美教育，可以激发人的潜能。每个人的意识中都有美的概念，只是没有认识到，通过对美的教育可以净化自己的心灵，抒发自己的情感，同时使人与人之间恢复以往的信任。

语文教育有其鲜明的人文性特征，一方面是语文教育，另一方面又是人文教育。语文是人类文化的积淀，语文课本中写平凡生活的文章承载着丰富的思想感情，阅读文章会体会文章感人的艺术魅力。审视生活，进行理性的思考，展开优美的抒情和滔滔的雄辩，展示生动的审美场景，使美质春风细雨般渗入学生心田，让学生体验美、领悟美。教育的关键是培养审美情感，铸造美好心灵，陶冶高尚情操，塑造学生独立、自尊、健全的人格，而语文教材中所显示的人文精神为学生提供了充分的养料，如果我们语文教师能让学生从中汲取营养，获得人格的独立和自由，无疑将对整个人生产生莫大的影响。

认识语文是人文学科的特点，讲究语文教学的综合效应，使学历形成和人格形成有机统一起来，努力培养学生理解和运用祖国语言文字的能力，塑造学生优美的心灵。只有这样，语文教学才能真正实现自身的价值。

（二）语文教学中审美教育的理论依据

第一，审美教育是人格教育，是把人从感性变成理性的教育。审美教育可以升华人的感性认知，将屈从于自然力量的人上升为有道德的人，容易使人将审美教育理解成是德育的手段，忽视审美教育的独立地位。审美教育不仅是手段，它还是目的。

第二，审美教育是情感教育，这种观点认为人的心理功能包括知、情、意三个方面，这是中国自古已有之，又为德国古典哲学家认同的三分法。美学作为一门独立的学科诞生，与哲学、伦理学形成三足鼎立之势，专门研究人的感性或情感，是精神哲学的完善。与美学息息相关的审美教育在许多学者那里理所当然的就是情感教育。审美教育除了陶冶情感外，还包括对人的其他心理功能的陶冶，如人的感性力、想象力、理解力及创造力等。

第三，审美教育是艺术教育，虽然主要以艺术鉴赏为手段进行，但审美教育不等于艺术教育。艺术教育是专门培养艺术人才的教育，或培养一般人的艺术鉴赏、艺术创作才能的教育，它虽然也要有艺术理论、艺术史的教学传授，但更重要的是艺术专业创作的技术、技巧的学习和训练。审美教育是通过艺术，也通过其他美的形态（如自然美、社会美）感染人、影响人，塑造人的心灵，完善人的个性，提升人的精神境界。

第四，审美教育是审美心理建构的教育，审美教育的性质就是完善人的审美心理结构，促进人的审美发展。而关于人的审美心理结构，理论家有着不同的理解。这种观点强调审美教育的目的在于人的全面发展，人性的完整和自由，突出强调审美教育建构塑造人格精神、个体心理的性质，有更多的合理之处。但人的审美活动不完全是一个心理学问题，把审美教育仅仅归结为建构审美心理是不全面的，而且由于对审美心理结构的内涵解释不一，给审美教育实践带来很大的难度。

（三）语文教学实施审美教育的特征

审美教育是人类全面教育的一部分，是人类实现自我发展的一个重要途径。审美教育通过审美的方式教育人，教育人以审美的眼光去对待现实、对待人生。审美教育是一种人文精神教育。

审美教育是人类全面教育的一部分。人的全面发展是人类文明发展的必然归宿，也是人类自身建设的最高理想状态。所谓全面发展，所谓人性的完整，就是指人既有健全的体魄，又有充实的心灵；既有崇高的理想、顽强的意志，又有丰富的情趣；既执着于现世、执着于人生，又能超越现实，向更高的精神境界飞升。审美教育与德育、智育、体育一样，目的是促进人的全面、和谐、健康的发展，只是在全面发展的培养上，审美教育与其他教育承担着不同的任务，具有不同的特点。审美教育通过审美的方式教育人。审美教育的实施媒介是艺术和其他美的对象。审美教育通过对美的感受、体验、观照和评价，使受教育者在审美过程中从生理的舒适到心理的愉悦，在幸福、和谐、自由的感受中不知不觉地受到感染和熏陶，丰富了审美情趣，提高了审美能力，升华了气质精神，使人格更加完善，人生态度更加审美化。当然，审美教育也需要理论上的引导和知识技能的支撑。通过美学理论、艺术理论的学习，艺术技能技巧的培训对审美教育也是必不可少的。但审美教育对人的教育先是通过审美意象、审美意境对人来进行感染和陶冶的。关于理论的理解和技巧的掌握也离不开审美实践。

审美教育是教育人审美地对待生活中的人文精神的教育。所谓审美地对待生活，就是人要诗意地栖居在大地上。审美教育就是要通过美的陶冶，使人的情感净化，审美感性能力、想象能力、意志能力等心理因素全面、均衡地发展，使人的精神和心理平衡、和谐、健康发展，这样面对纷繁的世界，人们就可以排除各类限制对心灵的压抑，获得感性生命与理性统一的自由。

审美教育的人文性质决定了审美教育具有以下的特点。

第一，审美教育是感性的。审美教育通过审美的方式教育人，审美就是对气韵生动的对象直接感受、直觉、体验、欣赏和评价。审美教育的媒介是艺术美、社会美和自然美，这些美的对象都是具体可感的事物，直接诉诸人能欣赏形式美的眼睛和感受音乐的耳朵。审美教育就渗透在对象的感受和品评之中，始终不脱离感性。美感的感性特征要求在审美对象的选择上，一定要注意选取那些形态生动宜人而又意蕴丰富的美的对象，吸引接受者的视听，唤起他的感受和直觉，进而调动他的各种心理功能，使学生在体验、玩味、品赏美的形象过程中，受到教育。

第二，审美教育是自由自觉的。审美教育以美的感性形象愉悦人，以美的情感打动人，它是一种感化体验，不是耳提面命，抽象说教。审美教育要在自由自觉的氛围中进行。审美教育虽离不开美学理论和审美教育知识的传授，但审美教育不能靠在课堂上坐而论道。审美活动是主体性很强的活动，审美教育必须充分尊重受教者的审美个性、审美自由。受教者在美的对象面前，根据各自的审美文化心理结构和经验，凝神观照，倾情体验，自由地想象，在自己心里重建具有自己个性的审美意象。

第三，审美教育的形式是一种逐渐发展的模式而不是快速前进的方式，许多名人如柏拉图等都对其进行过描述，美的作品之所以美是由于其符合人们的审美观。审美是一种人的自发的行为，这就给予了人们启示，利用这种模式来改变人们不好的行为。提倡一种美，然后让众人参与进来，每个人都会看到其他人的良好行为。例如，公交车让座行为，如果大家都不让，那么其他人就会觉得我也该如此，但大家如果都让座，慢慢就会带动更多人让座，这是美德的一种表现，也是审美的要求。

（四）语文教学实施审美教育的价值体现

审美教育的功能包括培养高尚的审美理想、健康的审美情趣、健全和完善的审美心理结构，从而提高和培养学生的审美能力。

1. 培养高尚的审美理想与健康的审美情趣

审美理想是人们向往追求的至善至美的境界，它直接影响着人的审美情趣，指导着人们欣赏美和创造美的活动。审美教育的首要职能就是帮助人们建立高尚的审美理想。当今时代是一个众声喧哗的时代，人人都在张扬自己的个性，但审美个性却被大众文化雕琢得平均而又平庸。在这个时候，侈谈审美理想似乎有些不合时宜。但人总是要有一点精神追求的，审美是需要正确的价值和有意义的体系来指导和规范的。

审美理想是现实和理想的统一，人们在审美实践中，往往觉得现有美的东西不够完美，于是在自己的头脑中构想出完美的、理想的境界，这至善至美的境界，不仅反映现存的客体，也是对未来美好前景充满激情的想象。审美理想渗透着强烈的情感倾向，是主体在情感炽热的情况下用想象编织的美好的蓝图，它带有鲜明的个性特征。审美理想是审美的最高典范，它渗透于审美感受中，使主体按照它的样子去选择对象、感受对象和评价对象。

高尚的审美理想，能激起人们创造美的热情。正是高尚的审美理想成就了伟大科学家不断进取、创造美的生活的精神支柱。在大学及中学开设美学原理课和艺术理论课，使学生深刻理解美的本质、美与真善的关系、美与人的生活、人的实践关系，使学生认清怎样的境界才是最高的审美境界，逐步树立起高尚的审美理想。审美理想的树立更重要的是多参与审美实践活动，特别是艺术鉴赏和艺术创作活动。艺术作品是人的审美理想的集中表现，优秀作品洋溢着高尚的审美理想，最能打动人和启迪人。

审美情趣是人们在审美活动中表现出的个人主观倾向和爱好，它受审美理想的制约，既有社会群体的一致性，又有个人的独特性和多样性。培养广博而健康的审美情趣，对美的欣赏和创作有积极作用。审美情趣是主体对审美对象的情感性评价，一个人审美趣味的形成与他自身的生理素质、个体生活环境、文化教养、传统审美积淀有关。审美情趣的多样性是一种生动的审美现象。审美活动总是带有个人的主观倾向性，人的爱好不能强制。承认审美情趣的多样性与提高健康的审美趣味并不矛盾。健康的审美趣味也不是审美主体生而就有的，它同样需要通过训练和培养来获得。

此外，健康的审美趣味是对作品深刻内蕴和精湛技巧的专注，而不是低层次的猎奇。要培养健康的审美情趣，就要多接受艺术熏陶。朱光潜先生指出，审美趣味要纯正健康。广博的审美情趣的培养，需要使受教者广泛接触各个艺术门类、各种状貌特征的美，各种风格、流派的作品，开阔他们的眼界，丰富他们的口味。

2. 培养健全的审美心理结构

审美理想和审美趣味作为人的审美活动的前导和指向，制约着人们的审美期待、审美主义和审美选择，而人的审美心理结构及其动态机制则使人产生具体的审美感受和形成美的创造。审美心理结构是主体进行审美活动的生理心理基础，是审美时主体各种心理因素的功能结构。审美心理主要包括感觉、知觉、情感、想象、通感和理解等，健全的审美心理结构是指敏锐的审美感知、丰富的审美想象、活跃的审美情感、领悟式的审美理解及其和谐运动。

审美想象是审美心理活动的枢纽，是审美心理最活跃的因素之一。审美想象以感知为基础，与记忆有密切的关系。通感作为审美想象的一种特殊形式，丰富着人的审美感受。既然审美想象在审美心理中占有主导位置，培养审美想象就是审美教育的重要内容。培养学生的审美想象，一是要引发受教者丰富的情感，二是要引导受教者多积累形象记忆。情感是想象的活力，审美活动中的移情现象，就是在情感的作用下把对象拟人化、客体主体化、主体客体化，展开自由想象的结果。对形象的感知和经验记忆是想象的基础，受教者的生活经验、审美经验丰富，知识渊博，艺术修养丰厚，头脑中自然存有多彩多姿的审美意象，在美的事物面前就会产生各种各样的审美联想、审美想象，获得常人难以企及的审美超越。

审美情感是审美活动的动力，也是审美心理最活跃的因素之一。受教者在进行审美的时候，通过对对象的感知，相应的情感体验便油然而生。情感又化作其他心理因素的动力，反过来强化感知，给想象插上翅膀，促使理解不着痕迹地深化。审美情感不同于生理快感，也不同于道德的赞许，它是主体从对象上体验情感的回味，以及对容纳内容的有意味的、形式的美的回味。审美教育对审美情感的培养，塑造促使人超感性情感。审美情感是一种理想化的情感。说审美教育是情感教育，就是指通过审美活动使人身心愉悦、情感陶冶。培养人爱美、珍惜美的情操，引导人摆脱自然欲望的束缚，升华到高尚纯洁的审美境界。

审美理解指审美活动中主体逐步认识了对象的联系、关系、内容和形式的特征及其本质的思维活动。审美理解不是抽象的逻辑思维，它在创造性的生动想象中，在热烈的情感体验中不着痕迹地进行。审美理解是审美活动由感性深化到理性而始终不脱离感性的心理活动。它指引和规范着知觉、想象的趋势，制约和推动着情感的展开，是整个审美心理结构的理性基础。离开审美理解，知觉只能是浮光掠影，只能是对象形式外观的表层把握，想象也只能是脱离对象审美特征的胡思乱想，审美情感也失去了规范。审美理解的培养首先要做的是理论和生活经验的准备，其次还要根据理解的不同层次采取特殊的训练方法。

3. 培养审美能力

审美能力，顾名思义指审美主体发现、感受、欣赏、评价美的能力。广义的审美活动包括审美创造，因此审美能力包括主体创造美的能力。审美能力是主体审美心理结构的动态表现。主体审美心理结构完善、健全与否，表现在审美过程中的各个阶段上，具体来说，表现在能否以审美的态度观照对象，能否敏锐地发现美、感知美，能否正确地欣赏和评价美，以及能否自由地创造美。审美教育的另一项重要任务，就是培养主体的审美活动的能力。

审美态度是主体对对象所持的欣赏观照的态度。审美态度不同于严谨客观的科学态度，它是自由地以审美的眼光凝视观照对象，这种观照始终不脱离对象的感性特征，而且饱含情感因素。培养审美态度，首先要给受教者提供富有魅力的、适宜的审美对象，不能进入受教者期待视野的对象再美也毫无意义；其次，还应有意识地提高受教者的文化修养和审美品位。

审美能力包括鉴赏力和创造力。鉴赏力指审美主体对事物的审美特征分析鉴别和欣赏的能力。审美鉴赏既是一种精神享受，也是一种审美判断；既是感性和理性相统一的认识活动，又是一种情感体验。审美鉴赏力是审美感受能力、审美想象能力、审美理解能力的综合表现。审美鉴赏标准既有个性差异，又有客观一致性。

第二节　语文美育实践的实施策略

在中职语文美育实践的理论基础的指导下，在中职语文教学中采用了实操性强、符合学生发展规律的美育实践方法，对中职学生的专业技能培训、完美人格培养和审美能力培养都起到了极大的促进作用。但在这个过程中仍存在着许多亟待完善的地方，现对中职语文美育实践的实施提出以下策略。

一、增强学生的审美素养

（一）将阅读与写作融入生活

中职生要培养自己的阅读兴趣和阅读习惯，在老师课堂教学的引领下，掌握阅读方法和技巧，激发阅读兴趣，通过阅读获得情感体验。阅读经典文学作品，吸收中国传统文化的精髓，提升自己的审美鉴赏水平。积极配合老师参加班级的"好书推介""讲故事比赛""制作阅读小报""读书笔记评比"等活动，在欣赏美和鉴赏美的基础上，通过老师搭建的展示舞台，运用语言和行动来表现美和创造美。①

写作教学是中职语文教学中的重点和难点，要通过阅读积累素材，走出写作难的困境，引导学生在大量阅读的基础上，摘抄好词、好句、好段，并背诵下来，积累优美的语言文字。每天通过网络、课外书等渠道抄写300字具有正能量、符合时代特色的名人事迹，积累写作素材，为动手写作奠定坚实的基础。在阅读中还要认真琢磨别人的行文思路、文章立意、结构选材等，取其精华，化为己用，从而进行积极有效的审美创造。

（二）积极参与社会生活实践

部分中职生的审美认知存在偏差，为了树立正确的审美观，除了课堂教学的耳濡目染、潜移默化外，更要鼓励中职生积极参加社会实践，接触形形色色的群体，增加生活阅历。利用业余时间去超市、餐厅等地打工，体会父母挣钱的艰辛；去敬老院、福利院做义工，学会关爱他人；去平津战役纪念馆、周恩来邓颖超纪念馆等地参观，学会敬畏、学会珍惜。

二、提高语文教师的综合素质

（一）语文教师要具备深厚的基本能力

语文老师要讲一口流利的普通话、写一手好字，具有扎实的基本功。要多读优秀的中外文学作品，能出口成章，出手成文，有较高的文学素养。由于中职的特殊性，教师要与时俱进，在教学中能熟练运用信息技术，能广泛涉猎各个领域，实现各学科之间资源的相互渗透、相互融合。教师在解读文本时要有自己独特的视角，能够把内容讲深讲透，旁征博引，讲出真知灼见，

---

① 孟庆莉. 中职语文美育实践策略研究 [D]. 天津师范大学，2020：47-50.

保证语文教学内容的时代性和社会性，这就需要深厚的文化底蕴和丰富的生活经历做支撑，在课堂教学中要选取符合时代发展的、适合中职生的、对学生有用又能激发积极性的内容，用美的形式传递美的内容。只有提高中职语文教师的基本功及审美素养，才能提高中职生的审美水平。

（二）语文教师要了解学生的认知水平与心理特点

中职学生学习基础薄弱，学习能力差，性格敏感，自尊心强，缺乏自信心。但"成绩差"不代表学生"处处差"，在设计语文实践活动时，教师要掌握中职生的认知规律，能够让课堂符合中职生的心理水平和学习水平，尊重学生的个体差异，由浅入深、由易到难。另外，教师要非常了解学生的情况，因材施教，根据学生的不同特点布置任务，让每个人发挥自己的优势和特长，在活动中找到"存在感"，提升自信度。中职学生的形象思维很强，可以多设计一些此类活动，如观看电影、演话剧、做读书手抄报、唱诗词等与语文相关的内容，让学生在活动中慢慢获得审美感受，提升审美水平。

（三）语文教师要注重生活化教学

由于我国对中等职业教育的发展不够重视，理论发展不够，造成了今天教师少、教学水平不高的局面。教师对教育理论研究得不够深入。其实语文教学各方面都蕴含着丰富的生活内容，对现行语文教材进行深入的分析可以发现，课文中富有凝练生动的文学语言、多姿多彩的艺术形象、优美深邃的意境等。这些无不来源于生活。无论是知识的学习、内容的把握，还是语言的分析、课堂形式的设计，都可以从生活中吸取营养，同时加以改造利用，生活因素基本渗透整个语文教学。因此语文教师必须充分结合生活因素，同时利用本学科的特点对学生进行生活化的教学。

1. 教学资源的生活化

丰富多彩的社会生活为语文课教学提供了取之不尽，用之不竭的"素材"。在以往教学中，教学的资源由老师收集提供给学生，教学资源必须实现生活化，由于很多课堂上的情景由老师提供，学生能够真正参与的非常少，因此这不是学生的真实体验，学生对其无法提起兴趣。相反如果让学生参与进来，由学生提供教学资源，那么由于与学生的生活密切相关，学生就会积极参与进来，这样将有利于教学活动的进行，也有利于学生的学习。

2. 教学内容的实践化

课堂教学必须源于现实生活，又高于现实生活，丰富的社会生活提供了丰富的教学素材，激活这些素材使零散的生活素材更好地为教学服务，发挥它的教育功能是课堂教学生活化的关键所在。辩证唯物主义认识论认为人的认知规律就是实践—认识—再实践—再认识，就是从实践中来，再回到实践中去。生活化的教学除了注重教学素材、教学情境的生活化外，也要注重教学内容落实的生活化。为此，生活化课堂必须具有学生自主学习、主动探究氛围，充分发挥学生的主体意识，促使他们积极感悟、体验生活的价值和生命的意义。

3. 教学方法的生活化

中等职业技术学校主要向市场提供专业技术人力，因此办学有其特殊性。主要是面向社会，每个专业对于语文教学的需求不同，中等职业教育的专业主要分文、理两个大类，因此各专业侧重的方向不同。例如，文科专业侧重于理论知识的学习，但理科方面则是侧重于对实践的要求。专业侧重不同，未来工作岗位不同，教师在语文教学中必须注意到这些问题，并提出相应的整改方案，将教学方法生活化。不同的专业按不同的要求进行教学大纲和教学课件的制作，以满足学生的不同需要，同时将生活原型作为探索实践活动的感性支撑，建立一种开放的、与生活相结合的、生动的课堂教学方式，就是教学方式生活化。例如，平时可用扮演法让学生去体验知识，用实话实说讨论法让学生去评价认识，用新闻播报演讲法让学生去分析问题。

（四）语文教师引导文本教学的审美体验与创造

通过长期的语文教学实践可以得知，审美教育是一种可以让人身心愉悦的教育，可以使人的情操、品德等得到陶冶和深化，是一种人们愿意去探索、去追求的教育方式。

1. 文本教学的审美体验

（1）阅读教学"读"的审美教育

由于我国的中等职业教育发展较晚，目前教学水平普遍较差，这些学校的学生的语文水平较差，学生对文学作品的鉴赏能力，以及写作能力等非常欠缺。学生阅读的文学作品较少，因此不能从一些优秀文化中接受各种教育。审美教育简而言之即对审美进行的教育，为了使人对美的认识更加形象化而进行的一项教育，具有非常重要的意义。可见，如果不进行审美教育，那么这种教育便是一个不符合科学的教育；从另一个角度而言，一个人如果不能认识到正确的审美观和认识美的能力的重要性，那么他的人格健全性上就会受到影响。对于教育者来说，必须要重视审美教育，只有这样才能做到教书育人。审美理解，即在审美活动中，作为审美活动的主体已经开始或者正在慢慢地对所要研究的对象的联系、关系、内容和形式的特征及其本质的思维活动有一个初步的了解，抽象的逻辑思维不是审美理解，它是在生动的创造性想象中，在热烈的情感体验中不着痕迹地进行。

审美理解主要是指审美活动由感性深化到理性而始终不脱离感性的心理活动。它指引和规范着知觉、想象的趋势，制约和推动着情感的展开，是整个审美心理结构的理性基础，如果没有审美理解，那么直觉也只是对对象的外在形式的表面认识，无法进入其实质中去。同时想象力只能算是没有实际意义的一种幻想，审美情感也失去了规范。审美理解的培养首先要做的是理论和生活经验的准备，根据不同的审美形式采取不同的方式，通过参加艺术鉴赏来加深对各种艺术特殊的表现形式和表现力的理解。例如，欣赏京剧，要懂程式动作的含义、脸谱的象征意义；欣赏芭蕾，要懂各种舞蹈动作的情感内涵。这里笔者主张的是一种以读为主的审美教育。不论是从心理上还是生理上，"读"可以调动身体的各个环节，从而促进学生的审美教育。因此语文教师必须充分结合各种因素，利用课文中凝练生动的文学语言、多姿多彩的艺术形象、优美深邃的意境来培养学生读的能力，使其对文章中的意境有更深刻的体会。

（2）从课文的人物形象中发掘美

课本一般都是非常经典的教材，其中对人物的描述也非常细致，从中也能看到美的影子。由于对美的鉴赏尺度既有个性差异，又有客观一致性，所以在培养人的审美鉴赏力时，一方面，要强调发展审美个性、尊重个人的审美选择和审美爱好；另一方面，要引导受教者，培养受教者具有符合时代、民族、社会要求的审美意识。要引导年轻人弄清楚趋新和求美的区别，不盲目跟风，要欣赏那些既有时代感，又有民族特色的真、善、美的东西；要引导年轻人欣赏各种类型的美，如写实的、具象的现实主义艺术，表现的、抽象的现代主义艺术，等等；要培养年轻人掌握审美鉴赏的规律，从形式到内容，从内容到形式，对审美对象的外在美和内在意蕴反复观赏、品味，悟出真义，获得积极主动的审美享受和对对象的中肯的评价。

（3）进行诗词教育

让学生充分认识并了解诗词中蕴含的美好场景。中国文化源远流长，留下了许多美好的诗词，如"夕阳无限好，只是近黄昏"等，其中描写的美景让人流连忘返，因此可以引导学生多阅读这样的诗词，从中领略各种美，从而提高其文学鉴赏能力。中职教师更要不断提高自身的文学修养，研究古诗词及其他可以让人联想到美好情景的诗词。

2.文本教学的审美创造

在语文教学中，创造一词非常重要，审美教育不是只教给学生如何去审美，不是静态地观看某一样漂亮的东西，而是要教给学生一种创造力。审美创造力是指一个审美主体先设计自己的审美理想，根据自己的审美理想，按照美的规律，在掌握外在对象或物质材料的内在规律的基础上，运用技巧创造美的能力。人的审美创造力体现在人的实践活动的方方面面。

审美创造力的培养，要先激发审美教育对象的创造欲和想象力，鼓励他们爱美、追求美，不安于现状，敢于超越，充分发挥创造性的想象能力，去创造美的生活、美的艺术。审美创造力的培养还要使创造者具有从事美的创造所必需的各种规律性知识，要有对对象内在规律的知识性把握。培养审美创造力，要使创造主体有创造美的技能和技巧。技术是技巧的基础，是创造主体支配创作材料的能力，技术在美的创造中得心应手地应用就是技巧。只有掌握了高超的技巧，才能进入"从心所欲，不逾矩"的自由境界。审美创造力的培养，尤其要强调创造个性的发挥。

（五）语文教师要助力学生未来的发展

中职语文美育实践要为学生的未来发展奠基。中职语文课作为文化基础课，在重视专业技能培训的职校本身就是在夹缝中生存，语文教师一定要利用有限的课程资源，结合专业特色，注重学科间融合，使语文课堂实践和语文课外活动并重，让学生认识到学好语文对专业技能的掌握是有帮助和促进作用的，学好语文能丰富他们的精神内涵，净化他们的心灵，陶冶他们的情操，能激发他们各个方面的潜能，帮助他们树立人生理想，从而提高审美情趣和审美创造力，为他们未来的人生发展助力。

三、强化校园美育的氛围

（一）学生创设美育环境

学校要多利用本土资源，组织学生去名人故居、自然科学博物馆、科技馆、海洋博物馆等地方参观，营造良好的美育氛围。要加强学校的物质文化建设，学校的宣传橱窗、楼道、教室的墙面等地方都要进行精心的设计，给学生以美的启迪和熏陶。要加强学校的精神文化建设，将校园变成学生展示的舞台，结合时代特色，开展丰富多彩的校园活动，给学生搭建出彩的平台，创造出彩的机会，弘扬和传承中华优秀传统文化，提高学生的美学修养。

（二）为教师创造学习机会

只有教师具备良好的美学修养，把知识讲得活灵活现，内容讲得丰富多彩，才能吸引学生的注意力，调动学生的学习积极性，提升学生的审美素养。学校要为老师提供更多的学习机会，开展形式多样的、内容丰富的美育培训。还要在职校中树立自己的美育实践的优秀典型，加大宣传力度，激发中职教师的工作积极性，探索出一条属于职教的美育之路。

四、营造社会与家庭的良好环境

（一）社会中各行业的助力

现在社会中的信息流传很广，而中职生的审美辨别能力差，经常会以美为丑、善恶不辨，这就需要社会范围内在传播信息时进行把关，多传播真善美的内容，而负能量的信息要及时制止，在社会范围内创设一个良好的美育氛围。同时开拓社会信息渠道，补充教学资源。邀请律师、警察、法官来学校现身说法，增强中职生的法治观念；邀请医生来学校讲解急救知识，以及在工作中如何避免不必要的人身伤害；邀请消防人员来学校指导逃生演练及灭火器的使用，在面对事故时具备应急疏散能力；邀请各行各业的先进人物和优秀代表，讲述他们的工作经历和创业历程，引导中职生从身边的小事做起，从所在的工作岗位干起，踏实肯干，坚持不懈。集全社会之力，为中职生的成长助力。

（二）家庭教育的积极配合

家庭是学生的第一课堂，家长是孩子的第一任老师，要创造民主和谐的家庭环境，创设优雅向上的家庭氛围。家长要多读有益的书，多看积极上进的视频，在舆论上要传播正能量。家长要踏实工作，认真努力，在言传身教上给孩子树立榜样，为学生创造美的生活环境。

第三节　语文教学中渗透美育的探索

一、语文教学中渗透美育的现实意义

美育能使人进入高尚愉悦的精神境界，能使受教育者身心愉悦，理性与感性协调发展，从而能形成健康的人格，使人与人、人与环境和谐共处。

（一）塑造学生健全的人格

美育的目的在陶冶活泼敏锐的心灵，养成高尚纯洁的人格。美育与家庭、学校和社会都是息息相关的，而且美育也是完善一个人人格的必由之路。美育是素质教育的重要组成部分，在塑造全面发展的人中，起着无比重要的作用，而其核心目标是人格的培养。美育有其独特的个性和独立的价值，它既不同于物质的实用性，又不同于同属精神性的德育。美是一种心灵的体操，使人们的精神正直、良心纯洁、情感和信念端正。健康、积极、高尚的审美情趣，有助于形成高深的道德情操。①

另外，美育是塑造完美人格的必不可少的途径，而且它可以启迪人性、启迪人心，从而提升、健全和完善中职生的人格。所以，在中职语文教学中，每个中职生都应在美育理论知识的指导下，自觉地"按照美的规律来塑造"自己，努力使自己成为人格完善与全面发展的高素质、高修养的人，从而促进身心和谐发展。

（二）提高学生的审美能力

审美教育就是提高中职生的审美感知、审美体验、审美认识、审美情趣、审美评价等方面的能力，就是让中职生能在纷繁的世界中，区分出真、善、美和假、恶、丑，能对生活中的事物做出最恰当、最正确的评价。

无论是在自然美、社会美中，还是在艺术美中，美和丑都是共存的，要想把他们分辨出来，就要具备一定的审美能力。特别是当下社会，各种文化交织在一起，各种社会思潮不断涌现，生活在其中的人们必须具备一定的审美能力，才不会迷失了方向。由此可见，美育就是培养中职生成为具有崇高的审美理想和审美能力的人。所以，在中职语文教学中渗透美育，就是要培养中职生积极向上的审美情趣，提高审美能力，帮助中职学生树立正确的、健康的、高尚的审美观，使中职生能够按照美的规律去创造美，从而能够明辨是非、善恶、美丑，最终达到真善美的最高境界。

---

① 董新芹. 中职语文教学中渗透美育的探索与实践 [D]. 山东师范大学，2014：18-36.

（三）加强学生的语文素养

著名教育家苏霍姆林斯基说，学习愿望、动机的源泉就在于儿童脑力劳动的特点本身，在于思维的感情色彩，在于美的感受。在语文教学中渗透美育有助于提高中职生的审美情趣和语文素养，如《现代汉语词典》把"素养"解释为"平日的修养"，这里的"修养"是指理论、知识、艺术、思想等方面的一定水平，同时还指养成正确的待人处事的态度。由此可见，这些都是在平日里通过长期的学习和实践才能达到的。

对中职生而言，要想在理论、知识、艺术和思想方面有一定的水平，必须在语文学习过程中，通过听、说、读、写以及语文综合实践活动来提高。在学习过程中所积累的语文知识、语言材料、语言运用能力，这些便构成语文素养的基础，只有在生活中、在学习中进行运用，才能形成好的语感，也才能在关键时候做到厚积薄发。作为教师，在语文教学中，不仅要关注中职生语文知识的学习，关注中职生的阅读、写作，鼓励中职生交流合作，乐于思考探究，更要关注中职生的情感、态度、价值观和身心全面发展。而在语文教学中渗透美育，就是在春风化雨、润物细无声的状态下，在寓教于乐的过程中净化中职生的心灵，陶冶他们的情操，从而激发他们学习的动机、学习的兴趣、情感、意志等，从而全面提高其语文水平和语文素养。唯有如此，中职生的情感、态度和价值观才能更好地实现。

（四）提升学生的精神境界

蒋冰海在《美育学导论》中认为，美育有利于陶冶人的情感。美育就是运用人类社会创造的一切美，对人进行美化自身的教育，使人具有一颗丰富而充实的灵魂，并渗透到整个内心世界与生活中去，成为一种自觉的理性力量。依据心理学家马斯洛的观点，人类个体在满足了基本需要的前提下，就要去追求和实现更高的尊重、审美等心理需要。

在当下社会里，开展美育建设就显得尤为重要。通过渗透美育，在潜移默化中陶冶性情，净化心灵，升华精神，提高人生境界，唯其如此，中职生才能提高其审美能力和创造力，从而树立正确的审美观。

（五）利于学生相互间和谐相处

构建和谐社会离不开全面发展的人，促进人的全面发展是教育的目标，也是社会主义建设的主要任务。所谓人的全面发展，就是指在德、智、体、美等方面全面提高人的综合素质和能力。美育在培养人的全面发展中起着重要的作用，换言之，要培养全面发展的人离不开美育。在语文教学中渗透美育，就是让客观的美作用于中职生的心灵和精神世界，从而陶冶人的感情，打破人与人之间的隔阂，带领人进入一种全新的思想境界，从而提升中职生的修养。如此，日积月累，慢慢地每个人的修养完善了，精神境界提高了，人格提升了，心性拓展了，情感自然而然也就会更加丰富了。所以，在中职语文教学中渗透美育，最终的目标就是使人与人之间相处融洽，进而造就和谐社会。

二、语文教学中渗透美育的途径与方法

面对中职生的现状，基于一种责任感，作为教师，理应在语文教学实践中积极探索渗透美育的途径和方法。为此，教师之间应该多关注并及时交流当下中职生的美育情况，近距离与中职生做有效沟通，深入了解中职生的语文学习情况以及他们的精神需求，特别是对美的需求情况；到企业调研，了解企业对不同专业的中职生的要求；同时，深入学习有关美育和美学理论的知识，结合实际情况探讨中职生的美育问题。

（一）强化语文课堂教学，对学生进行美的熏陶

教学任务的完成主要是借助课堂平台进行的，因此关注并强化语文课堂教学、提高课堂教学的高效性成为必然，并且语文课堂也必须成为渗透美育、提高中职生的各种能力的主要阵地。

1. 上好第一课，引领学生步入美的课堂

社会心理学告诉人们，在印象形成的过程中，信息出现的顺序对印象形成有重要作用，最初出现的信息影响最大，称为"首因效应"；而第一印象一经建立，对其后的信息的理解、组织有较强的定向作用。由此可见，在教

学过程中，教师要注意自己的人格美、仪态美、言语美、教学美等，因为这些美都会作为一种无声的语言传递给中职生并影响他们。

中职生由于其特殊性，对学习不是很感兴趣，不愿意思考、探究，更没有养成良好的学习习惯。对于新的学期、新的学习生活怀有很复杂的心情。教师要及时调整教学内容，抓住新学期第一课的机会，精心设计几个重要的环节，给中职生留下美好的印象，从而让中职生对语文课感兴趣，并被老师身上散发的人格魅力深深地吸引，唯其如此，才能和中职生进行良好的沟通和互动。

第一，留给学生美好的第一印象。依据"首因效应"，教师第一次和学生见面，应精心打扮自己，注重仪容仪表和言谈举止。语文教师没必要追求时髦、新潮的服装，也没必要浓妆艳抹，更没有必要说话装腔作势。只要穿着得体，略化淡妆，说一口标准的普通话并富有真情实感即可。因为一个人之所以受人尊重、爱戴和敬仰，是因为其内心世界丰富的情感和高雅的风度。所以，本书所说的仪表美，就是一个老师发型的得当、衣着的干净整洁、言谈举止的适当得体。同时精神饱满，面带微笑，从而给人一种和蔼可亲的感觉，这些都是教师给中职生的第一印象。

第二，充满激情与爱的开场白。中职生第一次来到教师的课堂，除了上面所说的态度和蔼可亲之外，教师对学生说的第一句话也很重要。在新的学校，教师理应本着激发他们的兴趣、树立他们的自信为重。教师一定要利用第一课进行自我介绍。自我介绍时，着重介绍自己的姓名、求学经历、工作经历、业余爱好等，从而让中职生充分的认识自己并尊重自己，同时对老师的勤奋和拼搏而产生佩服之感。如此一来，中职生会在老师的介绍中不断地激起心灵的涟漪和情感的共鸣，慢慢地，中职生的心就被老师牵引着进入课堂中。

第三，注重鼓励和赏识，创设审美愉悦课堂氛围。教师应该让学生感受到快乐，感受到成功。因为成功使人自信，而自信又更能调动一个人向上的积极性。特别是中职生这一群体，他们更渴望被人认可，被人表扬。作为教师，要善于发现中职生的进步，捕捉中职生身上的优点并及时表扬，而表扬产生的力量作用于中职生的内心情感，让其觉得心情愉悦、舒畅，继而转化为行动，从而激发其学习的内部动力，发挥学习潜能，提高素养。

2.创设美境，唤醒学生的审美意识

优秀的作品之所以流传下来，恰恰是因为作家把自己的思想感情乃至心血和生命寄托于作品中，从而让作品富有生命力，并且常读常新。中职生的学习是"在他所创设的世界中直观自己"。那么，如何在语文教学中把作者的思想情感，与中职生的情感进行碰撞、交融，从而引导中职生发现并感悟文本的美，其答案就是创设美境。

语文教学要善于创设一定的情境，让中职生置身于特定的情景中，借助想象的翅膀，更好地去体验，从而与作者产生共鸣。与此同时，根据不同的文本内容，创设不同的情境，从而渲染课堂气氛，激发中职生学习的兴趣，提高中职生学习的主动性和积极性。所以，语文教师一定要在教学中讲究教学艺术，抓住中职生的心理特点，在讲课的一开始精心设计导语或者是充分利用影视、录像、音乐等手段导入。因为美妙的音乐、动听的歌曲、优美的图画、遒劲的字体、逼真自然的会话表演、各种游戏以及教室环境的布置等，不仅能给中职生美的感官享受和愉悦的心情，而且能营造良好的语言环境，也能最大限度地感染中职生，使中职生在图、声、乐的作用下更好地学习语文，享受其中之美，从而以此来激发中职生的求知欲。中职生在美的情境中，对所学知识会产生浓厚的兴趣，继而能主动参与到学习过程中，从而达到一种生生对话、师生对话、师生和作者共同对话的有效课堂中。

例如，教师在讲授《过万重山漫想》时，播放一段有关三峡的视频。那狂暴的江流，那夹江两岸连绵起伏的高山，有的耸峙云霄，有的横枕江面，有的像天女腾空飞起……借助音频、视频，中职生立刻沉浸在这种江水滔滔、一泻千里的情境中，在长江三峡绮丽险峻的自然风光中，情绪高昂。中职生认真看，仔细听，细细品味，全神贯注，体会作者刘征热情讴歌的知难而进的首创精神。因此，运用现代化的技术来进行语文导入，会让中职生对课文有直观的了解。

与此同时，艺术性的导语同样能唤醒中职生的审美意识。在语文课堂教

学中，要想培养和激发学生的学习兴趣，让学生愿意并喜欢上语文课，就应思考一开始就把学生吸引住的方法。在语文教学中，教师应设计艺术性的导语，"爱美之心，人皆有之"，特别是中职生具有强烈的爱美天性，所以，教师应该抓住这种特点，设计美感强的导语。借助音乐和名家的朗诵，中职生必定会放飞想象的翅膀，沉浸在这种深深的思乡的氛围中时，师生一起走进故乡的榕树，去体味在异乡漂泊的游子的心声。这样的导语和情境导入，会让中职生在美的氛围中，调动起对所学文章的兴趣，从而收到事半功倍的效果。

3. 加强诵读，激发学生的审美情感

审美情感是人特有的本性，要想激发和调动中职生的审美情感，加强朗读，就是其中重要的环节。例如，学生在拿到一篇美文时，先要做的就是读，不停地读，边揣摩边反复去读，这样的朗读能让中职生从直觉上、整体上、感性上去认识文本内容。而且只有在反复的诵读中才能更好地读出作者的心情，体会作者倾注在文字中的情感，也才能更好地领会到文中的节奏美、音韵美、意境美。例如，《再别康桥》《致橡树》《荷塘月色》《赤壁赋》《故都的秋》《我愿意是急流》《面朝大海，春暖花开》等脍炙人口的佳作，只有常读，才能更好地体味文中的美好情感，从而更好地陶冶中职生的情操并塑造中职生的健全的人格。

根据不同的文体以及不同的语言风格，采用多种朗读方法调动、增强中职生的审美体验，才能更好地激发中职生的审美情感。语文教学中可以采用教师范读、全班齐读、学生领读、小组接力读、分角色朗读等方式。例如，学习拉索尔·贝克（Russell Bokde）的《成长》时，通过分角色朗读之后，方能更好地体味到母亲和"我"的内心想法，师生合作探究不难发现，这个故事蕴含其哲理美——生活的磨炼不仅能捶打人的意志，更能丰富人的心灵，只有通过不断的尝试才能找到最适合自己的成长道路。再如，学习白居易的《琵琶行》时，引导中职生在朗读时正确处理文中轻重、缓急的语言变化，不仅让中职生切实感受到琵琶声的气势，更能让中职生体会到琵琶女的那种凄苦的美的心声。

在朗读中，采用不同的朗读节奏和轻重音调，产生的效果也不同。朱光潜曾经说过，读音铿锵或者节奏流畅的文章，全身筋肉仿佛也在做同样有节奏的运动；或紧张或舒缓，都会产生极愉快的感觉。苏格拉底也曾说过，恰当的节奏与优美的乐调有一股强烈的浸入心灵深处的力量，运用得当，它们就会浸润美的心灵。叶圣陶曾经提出美读，换言之，读文章时，要竭尽全力把作者的情感完美地读出来。设身处地，该慷慨激昂处就读得慷慨激昂，该低沉委婉处就读得低沉委婉……美读得法，就能与作者心灵相通，从而会产生愉悦之心情。

由此可见，朗读的秘诀就是读者通过对文本语言节奏的感受，与作者在情感上达到共鸣。例如，在学习徐志摩的《再别康桥》时，"轻轻的我走了，正如我轻轻的来；我轻轻的招手，作别西天的云彩"这一小节，三个"轻轻的"一定要轻读，通过读，方能领悟到诗人不愿惊扰康桥静谧温馨的一腔柔情，这种轻柔缠绵的基调，从而使诗人悄悄地走了，康桥却永在心头，挥之不去。教师通过声音节奏的处理，从而把文本内容准确、形象、灵活地讲解出来，从而使中职生与作者产生强烈的共鸣，并能达到审美的愉悦。特别是诗词歌赋，一定要注意加强朗读，当读到精彩尽兴之时，学生定会沉浸在这种舒缓和谐、洒脱自然般的音乐境界中而不能自拔。

4.欣赏文本，激起学生强烈的审美感受

人教版的省编语文教材汇集了古今中外的名篇佳作，这些佳作从不同侧面、不同角度反映出了不同时代、不同民族、不同国家的审美情趣、审美要求和审美理念，蕴含着极其丰富、极其广泛、极其深刻的美学内容。

第一，引导中职生欣赏多姿多彩的自然美。中职语文教材中有很多文章是描写自然景物的。自然景物的描写，为中职生进行自然美的教育提供了良好的素材。自然美就是和大自然相关的美，包括山川草木、日月星辰、花鸟虫鱼等。自然美侧重于语言形式美，对自然景物的描写具体、形象、生动。自然美以其多姿多彩令人赏心悦目、回味无穷。通过阅读此类文章，能激起人们强烈的审美感受。

第二，引导中职生感受至深至切的社会美。社会美的至高境界就是表现

人类的真善美。中职生通过学习这类文章，能够从中感悟其精神之美，品质之美，继而能帮助中职生形成美的理想、美的道德，塑造美的人格；同时学习这些美德，能够启迪心灵，激励人生，进而塑造美好人生。

孔子说："知之者不如好之者，好之者不如乐之者。"（《论语·雍也》）一个人只有从情感上得到体验，才能促进心理结构的"内化"，从而在行动中发挥出最大的积极性和创造性。例如老舍的《我的母亲》，初读文本，中职生很容易概括出母亲身上所具有的美德：勤俭朴实、吃苦耐劳、热情好客、善良隐忍、乐于助人、坚强勇敢、疼爱儿女等。这些回忆的点点滴滴，真切地写出了子女对母亲的感激、怀念、赞颂和无以报答母亲恩情的愧疚之情。再读文本，中职生通过感悟这些美德，从而丰富自己的情感，继而形成美的道德，最终内化为中职生自身的美德。栗良平的《一碗清汤荞麦面》中母子三人，在艰难困苦中相互关心、相互鼓励、相互支持，最终战胜困难，走出逆境的团结奋进之美，以及以店主夫妇为代表的社会成员对母子三人的同情、尊重和关爱的人性之美，给予中职生的不仅是心灵的洗礼，更是情感的升华和精神境界的提升。

第三，引导中职生品味神态各异的艺术美。艺术美源于自然美和社会美而又高于自然美和社会美，是二者的高度体现。艺术美具有整体美的效应，蕴含的是一种永恒而又令人愉悦的美。

例如，梁思成的《千篇一律与千变万化——音乐、绘画、建筑之间的通感》中，写出了建筑艺术的美，让人领悟到"只有重复而无变化，作品就必然单调枯燥；只有变化而无重复，就容易陷于散漫凌乱"的艺术之美。教师在讲授文本时，可以先给中职生简要介绍音乐、绘画、舞蹈、建筑等几种艺术的基本知识与鉴赏方法，让中职生听一听舒伯特的《鳟鱼》五重奏，欣赏张择端的《清明上河图》、李公麟的《放牧图》以及故宫、颐和园的相关图片，然后让中职生将自己欣赏舞蹈、参观建筑的内心体验和作者的观点对照比较。中职生在欣赏这些艺术作品的时候，是一种心灵上的震撼，是一种强烈的美的刺激，利用好这些美的艺术作品，有利于提高中职生的感性认识与欣赏趣味。

再如，白居易的《琵琶行》中，作者对音乐艺术的描写尤为精彩，令人赞赏。教学中，师生合作、探讨，就会发现诗人用一连串新颖、贴切的比喻来描写飘忽无形的音乐，不仅调动了读者的听觉和视觉，也激发了读者的联想和想象。如用"大弦""如急雨"描写声音的深沉繁密，用"小弦""如私语"刻画声音的柔和轻细，用"珠落玉盘"形容声音的圆润清脆，用"莺语花底""泉流冰下""银瓶乍破""铁骑突出"等比喻描绘出了琵琶曲的多姿多彩与瞬息万变，使人如闻其声，如见其形，给人美不胜收之感。特别是音乐的跌宕起伏形象地刻画出琵琶女内心情感的波动变化，表现了演奏者的心理感受，形成声情并茂的艺术效果。

5.体验文本，树立正确的审美观

中职语文教材，其内容丰富多彩，有民族文化中诚信守义的优良传统，有用一个生命支撑另一个生命的人性美，也有在逆境中团结一致，克服困难的精神，还有吃苦耐劳，热情好客，疼爱儿女的无私而又伟大的亲情美。所有这些美好的品质，都陶冶着中职生的情操，丰富着中职生的情感，从而让中职生知道真善美，进而树立正确的审美观。所以，在教学中应该正确引导中职生去体悟，去领会这些美好的人性美、品质美，从而帮助中职生树立积极、健康、向上的审美观。

例如，在教学谈歌的《绝品》时，首先，由学生演讲古代中国诚信小故事——季布一诺千金。因为《绝品》就是一篇事关诚信、"能引起人心深深的震动"的作品。其次，在解读人物环节时，可以采用分角色朗读、听读、齐读、默读等多种形式来诵读课文中的几处精彩段落，通过问题的设置引领中职生交流碰撞，形成对文章的纵深理解。再次，师生共同讨论探究"绝品"的内涵，由此归纳出"绝品"二字，既是独一无二，又是永不断绝。因为在王商人的身后还有我们，乃至千千万万的中国人在传承着宝中之宝，在沿袭着民族精神，这正所谓"绝品不绝"。以"绝品"为题，意在凸显人与人关系的"绝品"，并通过人与人之间的相互信任，宣扬中华民族的传统美德。最后，围绕"诚信"这一主题，学生联系现实生活自由发言，一起交流并分享感悟，通过这一系列的分析，中职生最终树立一种"人无忠信，不可立于世"的信义美。

再如，刘心武的《十首足矣》，贯穿十首诗的线索是对美好人性与和谐社会的渴望。作者一再呼吁人们在繁忙的、快节奏的生活中读一点唐诗、背一点唐诗、品一点唐诗。如杜牧的《清明》："清明时节雨纷纷，路上行人欲断魂。借问酒家何处有？牧童遥指杏花村。"显然，用心品读这首诗就会发现，此诗营造出的不仅是如画如乐、清新明丽的意境，更重要的是其中蕴含着一种温馨的人性，在"行人"与"牧童"的亲合之中，体现出一种对人生乐趣的健康追求。教学过程中，引导学生反复品读、悟读，从而更好地去感悟并内化中华民族文化传统中最值得珍惜和承袭的精华，那就是人世间最朴素、最纯真、最美好的人性之美。通过一首首唐诗的品、悟，学生自然而然地受到启发和熏陶，积极、健康、向上的情感也就充盈在内心之中。如此，培养中职生的人文情怀和正确的世界观、健康的审美观也就水到渠成了。

6. 强化写作，鼓励学生创造美

在语文教学中，教师理应结合中职生的实际情况，鼓励中职生进行写作。让中职生多去观察生活、观察社会，多读书，多看新闻报纸，从而多积累材料，继而养成随时写作的好习惯。哪怕是一句话，一个优美的句子，一段感触深刻的故事都可以。写作的内容也可以丰富多彩，可以是游览祖国美景名胜之后的描写或者是感悟，可以是感受亲情、友情，也可以是体验风情、体验人性美的。总而言之，中职生对生活的感受、对美的感受必须进一步去领悟去创作，才能把美育的功能发挥到极致。例如，可以仿写，也可以在学习完莫泊桑的《项链》后，让中职生对其结尾进行想象，从而写一篇随笔，如在学习完欧·亨利的《最后一片叶子》后，可以让中职生续写贝尔门在凄风苦雨中画最后一片叶子的情景，也可以让中职生写读后感、观后感等。中职语文教材是按单元话题进行编写的。例如，中职语文教材第二册第三单元，共有三篇精读课文，分别是欧·亨利的《最后一片叶子》、司马迁的《报任安书》、张洁的《我的四季》。当师生在课堂上学完之后，可以让中职生按照单元主题"弹奏生命的乐章"来完成小论文。

另外，写作无非就是把自己想说的话用语言文字准确地表达出来，把对生活的热爱传达出来，这就需要中职生做到有话好好说、好好写。中职生在进行写作时，一定要驱遣想象力，从而展示自己内心的才华。运用优美的语言、严谨的构思、新颖的设计，从而创造出形象生动、情真意切的艺术美的世界。

（二）开展语文综合实践活动，关注学生的审美体验

中职生审美能力的提高需要经过长期的熏陶"浸润"而成，理应充分利用第二课堂，努力开辟第二课堂这个大的审美空间，扩大中职生的视野，从而有效培养中职生积极、健康、高尚的审美情趣。而丰富多彩、形式多样的第二课堂，能拓展中职生的审美渠道和领域，激发他们追求美的热情，引导他们走向更广更宽的生活，从而不断地提高自身的审美能力，能满足中职生的好奇心和求知欲，也能更好地展示他们的风采。也只有这样，在中职语文教学中渗透美育才能更好地落到实处，真正体现了审美教育的目的。在日常教学中，可以从以下方面开展。

1. 组织美育讲座

要想提高中职生的审美能力，就要培养中职生自觉的审美意识和高尚的审美情趣，培养审美感知和审美创造的能力。而以上能力的培养，都依赖中职生对有关美的知识和美的方法的掌握。这些美的知识可以采用讲座的形式分期来讲，形式可以多样，手段也可以变换；同时鼓励中职生积极参与活动；可以做成精美的课件，也可以辅以案例等。内容包括美的产生、本质和特征，美的内容、形式和美的形态，美感的本质、特征和心理因素，美感的个性、共性和客观标准等方面的知识。中职生只有对这些有关美育的知识有所了解，才能更好地在生活中去发现美、理解美，才能领悟其中的美的真谛。再者，开展一些与美育相关的活动，如美育知识竞赛评比、美育讲座展览等，在给中职生补充美的知识的同时也是进行审美教育的过程。

2. 创办社团活动

学校的各种社团活动的开展对丰富中职生的生活是必要且必需的。利用这个平台，中职生可以很好地展示自己的特长。文学社团的创办，对于校园内部发行的报纸而言，每期报纸上都可以选登中职生写的文章，优美的文章

读起来让人心情愉悦。借助文字，中职生可以展开想象的翅膀，飞向更美好的未来。同时，报纸上还可以选登一些实习生的感悟和体会，在校生也可以借此更深刻地认识到各个不同的行业对人才的素质和能力的要求。例如，航空专业的实习生会强调待人亲和、举止优雅对乘客而言是一种美，要具备这种行业素质。举办演讲协会可以更好地锻炼中职生的口语表达能力和应变能力，说一口流利的普通话时，对听的人而言，是一种美的享受；开展辩论会，让人们感受到语速惊人却又字字清楚，有理有礼有据，亦是一种美；举办诗歌朗诵会，让人们领会到抑扬顿挫而又情感饱满的朗诵，也是一种感染力十足的美；创办书法协会，一手好字给别人带来美的感觉的同时书写者本人也会很愉快。这些活动中所蕴含的美，对于中职生而言，能激发他们追求美的能力，肯定自我，树立信心，同时也丰富了自己的审美情感和体验。

3. 运用网络空间

现代社会，网络技术发展得十分迅速，利用网络进行学习或者开展活动已经是再便捷不过的事情了。语文综合实践活动不会再局限在课堂中、生活中，网上开展也是很自然的事情。每个同学可以在网上开通自己的博客、微信朋友圈、空间日志……这些美好的心灵家园，可以按照自己的设计，美化装点自己的家园，构建自己的精神家园，例如名人名言、诗歌欣赏、青春话题、励志故事、生活美景、个人感悟等。在属于自己的空间里，发现美的文章转载，是一种共享美的行为；创作美的文章是一种表达和体验，同时也给别人带来美好的心情，从而更好地得到心灵上的熏陶。

4. 策划主题活动

生活是创作的源泉。读万卷书，更重要的是要行万里路。中职生的课外生活有利于丰富中职生的情感，获取一些书本上学不到的知识。课外活动是一个广阔的天地，为审美教育提供了无比丰富的题材和空间，也是进行审美教育的好课堂。所以，应该鼓励中职生走出校园，到生活中去，到社会上去感受美、欣赏美、体验美。因此，策划主题实践活动就是一个很好的方式。例如，可以策划"感受四季"主题实践活动，如"感受秋天"，教师先让中职生带着一双发现美的眼睛到生活中去拍摄秋景；然后用优美的诗文给拍摄的美景加以解读；之后，借助活动写出自己的感受；最后，分小组展示成果。秋景部分采用微电影的形式播放并师生共同评比，师生在欣赏这些美丽的景色的同时，更多的是一种对美的享受，从而心情美好；而撰写的感受更多的是对美的一种体验，以小论文的形式呈现并进行评比，借助量规进行评价。所以，通过开展主题实践活动，中职生不仅从视觉上获得审美的刺激，还丰富了审美情感。因此，美无处不在，用心观察，用心感受，就会有收获。

5.阅读经典著作

读书能陶冶人的性情，能开阔视野、增长见识，让人的精神世界变得丰盈。所以，读书带给人们的精神力量的影响是无法估量的。而要读的书，绝不是现在的网络文化下的快餐作品，一定要是经典的、耐得住品读和咀嚼的书。例如，阅读《简·爱》《悲惨世界》《巴黎圣母院》《茶花女》《飘》《复活》等经典的、情感高雅的作品，对一个人综合素质的提高起着不可估量的作用。

另外，为了提高中职生的语文素养，提高中职生的整体文化水平和文化素质，从而更好地培养中职生健全的人格，中职语文必须加强对中职生的阅读的强度和广度。通过阅读经典名著，可以拓宽中职生的知识面，激发中职生阅读的兴趣。同时，在阅读的时候，设计一些相关活动，以此检验中职生的阅读效果。只有在大量阅读的基础上，中职生才能积累更多的语文知识，获得强烈的审美享受，培养更高的审美情趣和审美能力。与此同时，在日常生活中，要主动接受情感高雅的艺术作品，从而提高其审美的品位。阅读的过程，就是接受的过程，在这个过程中，通过思考和作者产生共鸣，同时也是一种独特的审美体验，而这种体验，能达到人与人、人与世界的相互交流并增进理解和融合。所以，接受高雅艺术的熏陶就是培养高尚情感、丰富精神世界、提高人生境界的重要途径。

（三）开发语文阅读校本教材，提升学生的审美情趣

目前，中职生使用的教材是人教版的省编教材，本教材是按单元话题编写的，大部分文章都是文质兼美、脍炙人口的佳作，但是有些文章还存在着很多不尽合理之处。同时为了更好地提高中职生的语文素养和审美素养，在

教育教学实践中，有必要结合教材编写情况、中职生的实际情况等因素，开发适合中职生的校本教材。

本着中职生的自身需求和专业需求、企业需求、社会要求等要素，保留教材中经典的、文质兼美的、备受中职生青睐的好文章，而删掉一些内容陈旧的、中职生接受起来困难、教师教起来也很费劲的文章，增添一些中职生感兴趣的，能启迪、熏陶、感染中职生心灵的，激励人生的好文章。在此基础上，编写《美文美读》读本。

《美文美读》读本，其中选有脍炙人口的抒情散文、美景散文、启迪心灵的哲理小故事、时尚美文以及人文性很强的小故事。有大自然四季之美，有美德之美，有爱岗敬业之美，有自信的青春之美等，如《精神的三间小屋》《人格是最高的学位》《四季赋》《春等待》《致青春》《做一朵有思想的雪花》《短暂的美》《阅读之美》等。

《美文美读》读本，可以在全校不同专业、各个年级中供中职生使用。可以在晨读朗诵一篇美文欣赏，一天的愉悦心情从此开始；可以在课间欣赏一段美文，让学习的疲劳从此飘到云端之外；可以在午休时间欣赏一段美文，从而让疲惫的身体得到轻松的休憩；也可以在晚睡前读一段美文，美美地进入甜蜜的梦乡。长此以往，中职生的审美能力会一步步提高，情感也会慢慢地得到陶冶，心灵渐渐地得到净化，人格也在逐步地完善。

（四）促进语文与专业课对接，提高学生审美素养

中职学校办学的目标是为社会培养既有一定文化基础知识，又掌握一定劳动技能的初级、中级实用性技术人才，它需要的是有技能、有文化、守纪律的合格劳动者。换言之，中职生必须具备一定的文化素养和审美能力，才能适应社会和行业对人才的要求。而语文课能够也必须承担这种重任。

通过到青岛中远报关公司、青岛经汉物流公司、青岛流亭机场、青岛中青旅国际旅行社、青岛博物馆等实地调查，以及与企业负责人、员工、实习生面对面访谈，笔者了解到自信、阳光、礼仪得体，具备较强的语言表达能力、组织能力、沟通能力等的人才最受行业的青睐。基于此，中职语文教学

要根据行业的实际情况和中职生的兴趣、爱好来创新设计教学，充分挖掘带有专业特色的语文教材资源，发挥语文课的优势，实现专业培养目标，真正做到文化基础课和专业课对接，从而提高中职生的审美素养。

1. 确立不同的教学目标

中职学校中，因专业设置不同，培养目标也不同，显然，对语文教学的要求也不一样。例如，航空专业要着重培养学生的气质、礼仪和良好的语言沟通能力，同时要具有爱心、耐心、吃苦耐劳等品质。在教学中，就要适时地让学生明白得体的打扮、美好的微笑是一种美，而自信、爱心更是一种充满无限魅力的美。而导游专业中的楹联诗词游记等都属于语文教学的内容，特别是旅游中的自然美、人文美和人情美等也都和语文息息相关。所以，在语文教学中渗透美育，培养中职生发现美、热爱美，并培养美的心灵和高尚的审美情趣，继而认识到美的真谛。如此一来，就为专业课的学习做了一定程度上的铺垫，而这都是和专业目标紧密联系在一起的。

2. 灵活处理教材内容

中职语文教材在体例上、内容上的设计编排，比较符合中职生的特点，具有实用性。但是，因为是通用教材，所以不可能适用于培养目标不同的每个具体的专业。基于此，结合每个专业的不同要求以及行业的需要，对教材进行了一定程度的处理，使之更好地提高中职生的素养。例如，在商贸类专业中增添了一些小文章，如刘墉的《读书与梦想》、马丁·路德·金的《我有一个梦想》，还有一些成功人物的故事或者是传记，如江勇的《人生没有什么是一定的》、电影《穿普拉达的女王》、《俞敏洪演讲》、《李嘉诚一枚硬币的故事》等，以此提高中职生的人文素养和审美素养。而在航空和导游专业中，可以增加一些文、景、情并茂的优美的散文、古典诗文等。

3. 开展高效的教学活动

文化课与专业课的有效对接，必须结合专业特点，培养中职生的实际应用能力。而恰当的、适合中职生发展的教学活动对提高中职生的综合素质起着重要的作用。因此，语文教学活动的创新设计，特别是听、说、读、写活动的高效开展，要依据专业目的，着重训练和培养中职生的动手、动口、动脑能力。例如，商贸类专业多开展应用文体的规范写作、口头语言表达、面试场景等活动；而导游类专业可从古代诗歌、对联、民俗文化、建筑等方面了解景点的地理、风土、人文等；航空专业可以利用航空模拟舱多开展一些航空模拟的活动等。通过活动，让中职生把理论知识和社会实践有机结合起来，从而真正实现语文教学"质"的飞跃，最终提高中职生的各方面的能力和素质。

总而言之，中职语文教学与专业课教学的有效对接，不仅拓展了语文学习的视野，拓宽了语文学习的渠道，而且激发了中职生学习的积极性和主动性，提高了中职生的听、说、读、写以及语言运用的能力，提升了中职生的审美能力和审美素养，全面提高了中职生的综合素养。

综上所述，在中职语文教学中渗透美育绝不是一朝一夕就能完成的事情，它是一个长期的过程，需要持之以恒、坚持不懈的努力。而且，渗透美育是每位语文老师义不容辞的责任，教师应该给予高度重视，认真学习理论并付诸实践，深入挖掘审美因素和审美渠道，将美育自然而然地渗透到教学过程的每一个细小的环节中，从而使中职生得到全方位的审美熏陶，有效地提高中职生的审美能力，继而完善人格，美化人生。

第四节　语文教学中美育的实践运用

中职语文教学任务之一就是要根据学生的实际情况因材施教，建立和健全学生的人格和高尚的情操。因此，对于语文教育工作者而言，务必积极主动地寻求教学技巧结合语文学科特色教育的特点，努力提升语文教学中对美学的学习和思考，在语文教学中渗透审美教育。

一、品析文章，欣赏美的意义

中职的语文教材都是语文教育专家针对学生年龄分布、知识组成结构、心理感悟阶段、中职培养计划等方面的特点编订的，不同的文学形式各具独特的美质：小说的人物形象美、故事情节美、典型环境美，散文的意境美，杂文的犀利美，诗歌的音韵美，议论文的说理美，说明文的情趣美等。如散文《荷塘月色》，朱自清在这篇文章中，抓住了"荷塘月色"的特点，寓情于景、情景交融，用诗化的语言，创造出素淡朦胧、和谐宁静、令人神往的美好境界；宋词《满江红》音调铿锵，节奏稳健，气势磅礴，感情昂扬而壮烈，具有撼人心魄的艺术魅力，洋溢着抗金民族英雄的浩然正气、爱国情怀和英雄气概……①

二、以情境创设美的意境

第一，熟悉文章思想，巧妙设计教学重点。语文教师在设计教案时，要弄清教材中情感的源头、趋向、起伏、强弱。通常需要切准文章的感情基调，理清作者感情起伏变化的特点。例如，朱自清的《荷塘月色》，全文充满了淡淡的哀愁和喜悦，体现出作者当时复杂的心情。这就需要语文教师联系课文，细心引导学生体会作家笔下一处景色一种感情的奇妙之处，不同的景色和景物反映不同的感情，让学生顺利融入文章中去准确感受作者的思想感情，提高学生自主学习能力。

第二，强化朗读，诱发通感。朗读是文字转化为有声语言的创造性活动，具有移情作用，能激发美感，唤起内心想象，感受作品意境，并能引起共鸣。听别人朗读，可以自觉地进行审美的判断，真切感受到作品的情谊，受到感染，产生共鸣，自觉接受语文教育。因此，在讲解课文时，要引导学生对精彩句段、篇章反复咀嚼，细细品味其言内之意与言外之意，领略文中情趣和意趣。

例如，孙犁的《荷花淀》有一段描写水生嫂劳动的文字，既描景状物，又写出人的精神境界，形象和意境十分鲜明生动。这种情景相生的意境，使作品具有如诗如画般的美，广阔而深邃。教师如果从朗读中引导学生仔细体味，学生一定可以了解其中的美，从而增强艺术审美的感受能力。

---

① 毛艺. 在中职语文教学中美育的运用与研究 [J]. 中国教师，2013（Z1）：197.

三、从欣赏美到引导学生创造美

（一）组织社会实践，引导学生创造美

第一，感悟自然美。要鼓励学生到大自然、社会中去观察、感悟、享受自然的乐趣，从而加深学生爱国爱家的情感。如明媚的阳光、灿烂的星空、袅袅的炊烟，以及"大漠孤烟直，长河落日圆"的气魄等，这一切都给人美的感受，是对学生进行美育教育最好的现成教材。

第二，体会社会美。现实生活中，有许多好人好事都显露着人性中崇高的思想美和心灵美。如组织学生观看《感动中国》，感受人性之美；参观烈士陵园，感受先烈们不屈不挠的斗争精神。这些社会美不仅培养了学生爱美、追求美的思想，还提高了其感受美、表达美、创造美的能力。

（二）开展写作训练，培养学生创造美的能力

第一，利用教材引导写作，创造新的图景、新的形象。教师可利用教材中具有思考价值的课文，充分展开想象。通过续写等方式，培养学生想象的能力，使他们驰骋想象，展示自己的才华，从而引导学生创造美。例如，讲《项链》时，让学生充分发挥想象进行续写。

第二，在写作中培养创造美的语言。教师在指导写作的过程中，首先，要指导学生明确写作的主题，生活中那些美事、物、景等都可以成为学生习作的对象。其次，要指导学生学会运用美的语句，使用比喻、拟人、排比等修辞手法形象地表达主题。最后，指导学生掌握常用的文章结构方式，如总分总、首尾呼应、文末点题、事例铺垫、开门见山、设置悬念等，学生写作中进行运用，作品的结构就逐渐会有美的韵味，这就是在写作中引导学生创造美。

结 束 语

近年来，我国的职业教育迎来了蓬勃发展的状态，在中职教育不断发展与进步的过程中，其培养出的高素质，专业技能型的人才是国家进步与发展的重要基础力量。而培养符合国家需求的人才离不开学生综合素质的全面发展，在学生专业知识和技能发展的过程中，美育素养也是学生应掌握的重要内容。本书结合语文教学与美育进行研究，以进一步指导美育教育在语文教学中得到更有效的应用与实施，促进学生的审美素养得到进步与提升。

参 考 文 献

[1] 蒋念祖. 美育与中学语文教学 [M]. 长春：东北师范大学出版社，2000.

[2] 刘干中. 中职教学建模 [M]. 北京：新华出版社，2015.

[3] 梅运波. 创新思维与语文教学 [M]. 长春：吉林文史出版社，2016.

[4] 邢盼丽，江虹，吕希坤. 语文教学与和谐课堂 [M]. 沈阳：辽宁大学出版社，
2018.

[5] 陈玉焕. 论创造和谐的美育教学氛围 [J]. 中国成人教育，2007（19）：141-
142.

[6] 程国建. 中职语文写作教学策略 [J]. 赤子，2020（06）：4.

[7] 仇翠丽. 中职语文阅读教学中口语交际能力的培养 [J]. 数码设计（下），
2021，10（3）：154-155.

[8] 董新芹. 中职语文教学中渗透美育的探索与实践 [D]. 济南：山东师范大学，
2014.

[9] 冯晓玲. 中职语文教学中阅读与写作的有效结合 [J]. 学周刊，2021（23）：
11-12.

[10] 华鸣亚. 审美教育的特性及其在中职语文教学中的实施 [D]. 上海：上海师范
大学，2012.

[11] 江海英，江建华. 语文课堂教学中渗透美育探微 [J]. 教学月刊（中学版下），
2012（06）：65-67.

[12] 康有琴. 中职语文口语交际教学分析 [J]. 新课程（下），2016（07）：148.

[13] 李素玲. 试析语文教学中的审美教育 [J]. 教育与职业，2007（30）：122-123.

[14] 谢淑萍. 思维导图在中职语文阅读教学中的运用 [J]. 读与写，2021，18（17）：34-55.

[15] 刘蕾. 浅谈语文教学中的美感教育 [J]. 教学月刊（中学版），2011（08）：53-54.

[16] 罗海云. 中职语文阅读教学中学生自主性的培养与提升路径探索 [J]. 发明与创新（职业教育），2021（07）：164-165.

[17] 罗睿. 提升中职语文阅读教学有效性的对策分析 [J]. 中外交流，2021，28（04）：537.

[18] 毛艺. 在中职语文教学中美育的运用与研究 [J]. 中国教师，2013（Z1）：197.

[19] 孟庆莉. 中职语文美育实践策略研究 [D]. 天津：天津师范大学，2020.

[20] 石建刚. 论语文的美育功能 [J]. 吉首大学学报（社会科学版），2014（Z1）：216-217.

[21] 舒洪. 中职语文阅读教学存在的问题及对策研究 [J]. 文存阅刊，2021（28）：138.

[22] 孙宏恩. 谈语文教学中学生审美能力的培养 [J]. 教育探索，2015（10）：35-37.

[23] 田甜. 中职语文阅读教学生活化实践探索 [D]. 大连：辽宁师范大学，2014.

[24] 魏光宇. 关于中职语文教学价值定位及其实现的思考 [J]. 传播力研究，2020，4（17）：181-182.

[25] 魏菊霞. 中职语文阅读教学存在的问题及对策探微 [J]. 科学咨询（教育科研），2021（01）：107.

[26] 吴长宝. 浅谈诗歌教学中的审美教育 [J]. 湖州师范学院学报, 2009, 31（05）: 133-136.

[27] 武万通, 武万精. 中职学校语文阅读教学法初探 [J]. 文教资料, 2021（09）: 229-230.

[28] 肖光跃. 中职语文阅读与写作教学有效结合的策略探究 [J]. 散文百家, 2021（20）: 19-20.

[29] 桑吉卓玛. 中职语文阅读教学策略浅析 [J]. 情感读本, 2018（14）: 116.

[30] 严文文. 多元视角下的中职语文阅读教学技巧刍议 [J]. 课外语文（上）, 2021（01）: 46-47.

[31] 余艳秋. 文本细读在中职语文阅读教学中的应用研究 [D]. 昆明: 云南师范大学, 2016.

[32] 翟丽君. 中职语文阅读教学之我见 [J]. 语文新读写, 2020（26）: 551.

[33] 张圣起. 中职语文阅读教学的人文教育探析 [D]. 石家庄: 河北师范大学, 2010.

[34] 张颖松. 思维导图在中职语文写作教学中的运用分析 [J]. 职业, 2018（02）: 114.

[35] 郑淇. 浅谈语文教学中的美育渗透 [J]. 时代文学（下半月）, 2008（12）: 189.

[36] 郑昀, 徐林祥. 语文美育学的学科性问题研究 [J]. 华东师范大学学报（教育科学版）, 2018, 36（06）: 93-99, 158.

[37] 钟少慧. 关于中职语文写作教学的思考 [J]. 中国科教创新导刊, 2012（04）: 150.

[38] 周艳丽. 试析中职语文阅读拓展教学 [J]. 职业教育（中旬刊）, 2021, 20（01）: 76-77.